QICHE FADONGJI GOUZAO YU WEIXIU XITIJI

汽车发动机构造与维修
习题集

全 华 科 友 组织编写
邵伟军 李玉明 主 编
王远明 谷 尧 副主编

人民交通出版社
China Communications Press

内 容 提 要

本书为《汽车发动机构造与维修（新编版）》的配套习题集。共包括：发动机的基本知识；机体—曲柄连杆机构；配气机构；进、排气系统及增压机构；汽油机燃料供给系统；柴油机燃料供给系统；润滑系统；冷却系统；发动机电气设备；发动机的分解、清洗与装配；空气系统与汽油机燃料供给系统的维修；柴油机燃料供给系统的维修；润滑系统的维修；冷却系统的维修；发动机电气设备的维修。每个单元均配有判断题、选择题、填空题、简答题、看图填空等题型，并附有参考答案。

本书可供全国中等职业学校汽车运用与维修专业教师和学生使用，也可作为相关培训的参考书。

图书在版编目（CIP）数据

汽车发动机构造与维修习题集 / 全华科友组织编写．— 北京：人民交通出版社，2011.7
ISBN 978-7-114-09157-5

Ⅰ．①汽… Ⅱ．①全… Ⅲ．①汽车－发动机－构造－习题集②汽车－发动机－车辆修理－习题集 Ⅳ．①U472.43-44

中国版本图书馆CIP数据核字（2011）第100246号

声 明

本书部分插图受中华人民共和国宪法和著作权法保护，未经人民交通出版社同意，任何单位、组织、个人不得以任何方式对其进行全部或局部的复制、转载、出版或变相出版。任何侵犯本书权益的行为，人民交通出版社将依法追究其法律责任。

举报电话：（010）85285150　　　　　　　　　　　　　　　　　　　人民交通出版社

书　　　名：	汽车发动机构造与维修习题集
著　作　者：	全华科友
责任编辑：	曹延鹏
出版发行：	人民交通出版社
地　　　址：	(100011)北京市朝阳区安定门外外馆斜街3号
网　　　址：	http://www.ccpress.com.cn
销售电话：	(010)59757973
总 经 销：	人民交通出版社发行部
经　　销：	各地新华书店
印　　刷：	北京虎彩文化传播有限公司
开　　本：	787×1092　1/16
印　　张：	10
字　　数：	185千
版　　次：	2011年7月　第1版
印　　次：	2023年1月　第6次印刷
书　　号：	ISBN 978-7-114-09157-5
定　　价：	18.00元

（如有印刷、装订质量问题的图书由本社负责调换）

前 言

为深入贯彻《国务院关于大力推进职业教育改革与发展的决定》以及教育部等六部委《关于实施职业院校制造业和现代服务业技能型紧缺人才培养培训工程的通知》精神，全面实施《2003—2007年教育振兴行动计划》中提出的"职业教育与培训创新工程"，积极推进课程改革和教材建设，为职业教育教学和培训提供更加丰富、多样和实用的教材，更好地满足职业教育改革与发展的需要。交通职业教育教学指导委员会汽车运用与维修学科委员会组织全国交通职业院校的专业教师，按照教育部颁布的《中等职业院校汽车运用与维修专业领域技能型紧缺人才培养培训指导方案》的要求，编写了教育部职业教育与成人教育司推荐教材，供中等职业院校汽车运用与维修专业教学使用。

本系列教材符合国家对技能型紧缺人才培养培训工作的要求，注重以就业为导向，以能力为本位，面向市场、面向社会，为经济结构调整和科技进步服务的原则，体现了职业教育的特色，满足了高素质的中、初级汽车专业实用人才培养的需要。

本系列教材在组织编写过程中，认真总结了全国交通职业院校多年来的专业教学经验，注意吸收发达国家先进的职教理念和方法，形成了以下特色：

1. 以《汽车电工与电子基础》、《汽车机械基础》、《汽车发动机构造与维修》、《汽车底盘构造与维修》、《汽车电气设备构造与维修》、《汽车维修质量检验》六门课程搭建专业基本能力平台，以若干专门化适应各地各校的实际需求；

2. 打破了教材传统的章节体例，以专项能力培养为单元确定知识目标和能力目标，使培养过程实现"知行合一"；

3. 在内容的选择上，注重汽车后市场职业岗位对人才的知识、能力要求，力求与相应的职业资格标准衔接，并较多地反映了新知识、新技术、新工艺、新方法、新材料的内容。

本书是《汽车发动机构造与维修（新编版）》的配套习题集。本书根据中职学生的学习能力和认知规律，配备了判断题、选择题、填空题、简答题、看图填空题等五种题型，并附有参考答案，具有较强的针对性和实用性，从而帮助学生更好地巩固专业知识和技能。

本书由邵伟军和李玉明担任主编，王远明、谷尧担任副主编，参加编写的还有高吕和、侯勇、鲍晓东、郭凯、黄靖雄、赖瑞海等。

在本书编写的过程中,编者参考了国内外大量资料和参考文献,在此,向相关作者致以最诚挚的谢意。由于编者水平有限,书中难免有不妥和错误之处,恳请广大读者批评指正。

编　者
二〇一一年六月

目录

■ 习题部分 1

单元1　发动机的基本知识 2
单元2　机体–曲柄连杆机构 13
单元3　配气机构 22
单元4　进、排气系统及增压机构 30
单元5　汽油机燃料供给系统 36
单元6　柴油机燃料供给系统 54
单元7　润滑系统 63
单元8　冷却系统 69
单元9　发动机电气设备 78
单元10　发动机的分解、清洗与装配 87
单元11　空气系统与汽油机燃料供给系统的维修 91
单元12　柴油机燃料供给系统的维修 93
单元13　润滑系统的维修 98
单元14　冷却系统的维修 100
单元15　发动机电气设备的维修 102

■ 答案部分 105

XITI BUFEN
习题部分

- 单元1　发动机的基本知识
- 单元2　机体-曲柄连杆机构
- 单元3　配气机构
- 单元4　进、排气系统及增压机构
- 单元5　汽油机燃料供给系统
- 单元6　柴油机燃料供给系统
- 单元7　润滑系统
- 单元8　冷却系统
- 单元9　发动机电气设备
- 单元10　发动机的分解、清洗与装配
- 单元11　空气系统与汽油机燃料供给系统的维修
- 单元12　柴油机燃料供给系统的维修
- 单元13　润滑系统的维修
- 单元14　冷却系统的维修
- 单元15　发动机电气设备的维修

单元1 发动机的基本知识

一、判断题

1. 活塞移动两个冲程，完成一次循环的发动机，称为二冲程循环发动机。（   ）
2. 在压缩冲程时，汽缸中混合气体的最大压力，称为最高压力。（   ）
3. 气门重叠角度越大越好。（   ）
4. 排气门若太早关闭，则废气排不干净，发动机的容积效率降低，动力减小。（   ）
5. 排气门太晚关闭，会使新鲜混合气随废气排出，耗油率提高，并可能造成排气管的放炮现象。（   ）
6. 冲程是指汽缸筒的长度。（   ）
7. 奥托循环在热力学上称为等压循环。（   ）
8. 狄塞尔循环在热力学上称为等容积循环。（   ）
9. 发动机循环的四个步骤是进气、压缩、作功及排气。（   ）
10. 活塞在汽缸中移动两个冲程可完成一次循环的发动机，称为四冲程循环发动机。（   ）
11. 凸轮轴装在汽缸盖上的发动机，称为OHV发动机。（   ）
12. SOHC发动机在汽缸盖上有一个凸轮轴。（   ）
13. 凸轮轴装在汽缸体内的发动机称为OHC式发动机。（   ）
14. 目前化油器式发动机已经被汽油喷射式发动机所取代。（   ）
15. BDC称为上止点，是活塞顶面在汽缸中的最高点。（   ）
16. 活塞在下止点时，其上方的容积，称为燃烧室容积。（   ）
17. 四冲程往复活塞式发动机，其进气、压缩、作功与排气各冲程都是刚好在曲轴转动180°内发生作用。（   ）
18. 活塞从下止点上行，等进气门关闭后，实际的压缩冲程才开始。（   ）
19. 由于柴油机的压缩比大于汽油机的压缩比，因此在压缩终了时的压力及燃烧后产生的气体压力比汽油机压力高。（   ）
20. 多缸发动机各汽缸的总容积之和，称为发动机排量。（   ）
21. 发动机的燃油消耗率越小，经济性越好。（   ）
22. 活塞行程是曲柄旋转半径的2倍。（   ）
23. 四冲程发动机每个循环有2个活塞行程。（   ）

24. 发动机转速增高，其单位时间的耗油量也增高。（　）
25. 现在汽车上常用的发动机是二冲程、风冷式发动机。（　）
26. 发动机转速过高过低，汽缸内充气量都将减少。（　）
27. 内燃机是指在汽缸内部将燃料燃烧产生的热能转变为机械能的机器。（　）
28. 柴油机与汽油机的工作原理相同。（　）
29. 汽车发动机主要由机体—曲柄连杆机构、配气机构、燃料供给系统、进排气系统、冷却系统、润滑系统和电气设备组成。（　）
30. 活塞行程是指上、下两止点间的距离。（　）
31. 二冲程发动机完成一个工作循环，曲轴共转两周。（　）
32. 四冲程发动机在进行压缩行程时，进排气门都是开启的。（　）
33. 发动机排量是指所有汽缸工作容积的总和。（　）
34. 四冲程柴油机在进气行程时，进入汽缸的是可燃混合气。（　）
35. 汽油机的组成部分有点火系统，而柴油机没有点火系统。（　）
36. 柴油机6135Q表示该发动机是六缸、四冲程、汽缸直径135mm、风冷、汽车用。（　）
37. 发动机就是将某种能量转化为机械能的机器。（　）
38. 柴油机的压缩比大于汽油机的压缩比。（　）
39. 活塞运动到离曲轴回转中心最远处称为上止点。（　）
40. 汽油机主要由"两大机构、五大系统"组成。（　）
41. 四冲程发动机一个工作循环曲轴转两圈，活塞上下往复运动四次。（　）
42. 发动机曲轴对外输出的转矩称为有效转矩。（　）
43. 发动机燃油消耗率越大，经济性越好。（　）

二、选择题

1. 下列哪种发动机是非火花塞点火式发动机？
　（A）柴油发动机　　　　　　　（B）液化石油气发动机
　（C）汽油发动机　　　　　　　（D）双燃料发动机
2. 下列对热力循环的叙述，哪项是错误的？
　（A）现代柴油发动机采用混合循环　　（B）汽油发动机采用奥托循环
　（C）奥托循环又称为等容积循环　　　（D）混合循环又称为等压力循环
3. 凸轮轴装在汽缸体内的发动机称为_____发动机。
　（A）OHC　　　（B）SOHC　　　（C）OHV　　　（D）DOHC
4. 柴油发动机只有一个燃烧室的为_____式燃烧室。
　（A）预燃室　　（B）直接喷射　　（C）能量室　　（D）涡流室

5. 目前采用最多的汽油发动机形式为_____。
   （A）直列式　　　（B）水平式　　　（C）V型　　　（D）对置式

6. 汽缸TDC与BDC间的距离称为_____。
   （A）活塞位移容积　（B）排气量　（C）冲程　（D）燃烧室容积

7. 四冲程往复式发动机，活塞在汽缸中移动四个冲程，曲轴旋转_____。
   （A）180°　　　（B）360°　　　（C）540°　　　（D）720°

8. 对二冲程往复活塞式发动机的叙述哪项是错误的？
   （A）活塞将扫气孔封闭时，压缩行程开始　（B）油底壳内无机油
   （C）进气必须分两个阶段才能完成　（D）排气必须分两个阶段才能完成

9. 发动机的有效转矩与曲轴角速度的乘积称之为_____。
   （A）指示功率　（B）有效功率　（C）最大转矩　（D）最大功率

10. 在测功机上测量发动机功率，能直接测量到的是_____。
    （A）功率　（B）功率和转速　（C）转矩和转速　（D）负荷

11. 四冲程汽油机，作功开始，缸内气体的压力和温度一般达到_____。
    （A）3~5MPa，2200~2800K　　　（B）600~1500kPa，600~800K
    （C）15~22MPa，4000~5200K　　（D）9~10MPa，3200~4000K

12. 四冲程柴油机，作功开始，缸内气体的压力和温度一般达到_____。
    （A）3~5MPa，800~1000K　　　（B）5~10MPa，1800~2200K
    （C）6~9MPa，2000~2500K　　　（D）600~1500kPa，600~800K

13. 汽油的点燃温度比柴油的点燃温度_____，汽油的自燃温度比柴油的自燃温度_____。
    （A）低；高　　（B）高；低　　（C）高；高　　（D）低；低

14. 柴油机的输出转矩比汽油机的输出转矩_____；柴油机的燃油消耗率比汽油机的燃油消耗率_____。
    （A）小；低　　（B）大；高　　（C）大；低　　（D）小；高

15. 二冲程内燃机，活塞往复运动_____次，完成一个工作循环，其作功行程约占活塞全行程的_____。
    （A）二；2/3　（B）四；2/3　（C）四；1/3　（D）二；1/3

16. 排量为1680mL的四缸发动机，其燃烧室容积为60mL，压缩比等于___。
    （A）6　（B）7　（C）8　（D）10

17. 某发动机活塞行程为80mm，其曲轴的曲柄半径为_____。
    （A）20　（B）40　（C）80　（D）160

18. 汽油发动机被看作哪种形式的发动机？
    （A）外部燃烧　（B）持续燃烧　（C）内部燃烧　（D）以上结果都是

19. V型发动机中，两侧汽缸之间最常见的夹角是_____。

（A）60°～90°   （B）150°～160°
（C）180°～190°   （D）195°～205°

20. 发动机上用来将往复运动转换成旋转运动的装置称_____。
  （A）曲轴   （B）活塞   （C）活塞环   （D）连杆轴承

21. 作为发动机的基础以及所有发动机部件的连接基础的物体是_____。
  （A）活塞   （B）曲轴   （C）连杆   （D）汽缸体

22. 柴油机用什么方法点燃燃油？
  （A）压缩能量   （B）火花塞   （C）燃油喷射   （D）点火器

23. 汽车用发动机一般按_____来分类。
  （A）排量   （B）气门数目   （C）所用燃料   （D）活塞的行程

24. 汽缸工作容积是指_____的容积。
  （A）活塞运行到下止点活塞上方   （B）活塞运行到上止点活塞上方
  （C）活塞上、下止点之间   （D）进气门从开到关所进空气

25. 上止点是指活塞离曲轴回转中心_____处。
  （A）最远   （B）最近   （C）最高   （D）最低

26. 下止点是指活塞离曲轴回转中心_____处。
  （A）最远   （B）最近   （C）最高   （D）最低

27. 汽缸总容积等于汽缸工作容积与燃烧室容积_____。
  （A）之差   （B）之和   （C）乘积   （D）之比

28. 四冲程发动机在进行压缩冲程时，进气门_____，排气门_____。
  （A）开，开   （B）开，关   （C）关，开   （D）关，关

29. 汽油机4100Q型发动机中Q字代表该发动机是_____。
  （A）工程机械用   （B）汽车用   （C）拖拉机用   （D）摩托车用

30. 压缩比是_____的比值。
  （A）工作容积与燃烧室容积   （B）燃烧室容积与工作容积
  （C）总容积与然烧室容积   （D）烧室容积与总容积

31. 在发动机的作功行程，活塞由_____推动从上止点运动到下止点。
  （A）曲轴   （B）连杆   （C）气体作用力   （D）惯性力

三 填空题

1. 汽车的动力源是_____。

2. _____是将某一种形式的能量转化为机械能的机器。

3. 内燃机具有_____、_____、_____、便于移动以及起动性能好等优点。

4. 将燃料燃烧所产生的热能转化为机械能的装置称为热力发动机，简称热机。热机可分为_____和_____。

5. 内燃机根据其将热能转化为机械能的主要构件的形式，可分为_____内燃机和_____两大类。

6. 往复活塞式发动机按照_____、_____、_____、_____、冷却方式等，可分为很多不同的形式。

7. 活塞顶面在汽缸中的最高点，称为_____；活塞顶面在汽缸中的最低点，称为_____。

8. 发动机按照点火方式可分为_____发动机和_____发动机；按照工作循环可分为_____发动机和_____发动机。

9. 发动机按照热力循环分为_____、_____和_____。

10. 奥托循环在热力学上称为_____，狄塞尔循环在热力学上称为_____，混合循环又称为_____。

11. 发动机按照凸轮轴的安装位置可分为_____的发动机和_____的发动机。

12. 发动机按照凸轮轴数可分为_____发动机、_____发动机和_____发动机。

13. 发动机按照使用燃料可分为_____发动机、_____发动机、_____发动机和_____发动机。

14. 汽油发动机依汽油进入汽缸的方法可分为_____式发动机、_____式发动机、_____式发动机。

15. 柴油发动机按照燃料的喷入方式及燃烧室的不同可分为_____式、_____式、_____式和_____式。

16. 发动机按照汽缸的数目可分为_____发动机和_____发动机；按照汽缸的排列方式可分为_____发动机、_____发动机、_____发动机和_____发动机；按照冷却方式可分为_____发动机和_____发动机。

17. 汽油机通常由_____和_____组成；柴油机则由_____和_____组成。

18. 发动机的主要性能指标有_____和_____。

19. 发动机每发出1kW有效功率，在1h内所消耗的燃油质量（以g为单位），称为_____。

20. 发动机的性能是随着许多因素而变化的，其变化规律称为_____。

21. 发动机通过飞轮对外输出的功率称为_____。

22. 四冲程发动机每完成一个工作循环，曲轴旋转_____周，进、排气门各开启_____次，活塞在两止点间移动_____次。

23. 上、下止点间的距离称为_____。

24. 四冲程发动机每完成一个工作循环需要经过_____、_____、_____和_____四个行程。

25. 在内燃机工作的过程中，膨胀过程是主要过程，它将燃料的_____转变为_____。

26. 压缩终了时可燃混合气的压力和温度取决于_____。

27. 在进气行程中，进入汽油机汽缸的是_____，而进入柴油机汽缸的是_____；汽油机的点火方式是_____，而柴油机的点火方式是_____。

28. 发动机的动力性指标主要有_____和_____等；经济性指标主要有_____。

29. 往复活塞式点燃发动机一般由_____、_____、_____、_____、_____和_____组成。

30. 二冲程发动机曲轴转_____周，活塞在汽缸里往复行程_____次，完成_____次工作循环。

四、简答题

1. 简述四冲程汽油机工作原理。
2. 何谓进气门早开晚关，有何作用？
3. 柴油机与汽油机比较，各有何特点？
4. 为何现在汽车上基本不用四冲程单缸发动机？
5. 何谓二冲程循环发动机？
6. 简述二冲程汽油发动机的工作原理。
7. 何谓二冲发动机的扫气？
8. 何谓循环？
9. 何谓四冲程循环发动机？
10. 何谓DOHC发动机？
11. 何谓双燃料发动机？
12. 何谓TDC与BDC？
13. 何谓排气量？
14. 简述发动机型号的编制规则。
15. 解释6V100Q型号的含义。
16. 往复活塞式发动机常用的分类方法有哪些？如何分类？
17. 简述汽油机各主要组成部分的名称和作用。

五 看图填空

1. 往复活塞式发动机的基本结构

1. _____
2. _____
3. _____
4. _____
5. _____
6. _____
7. _____
8. _____

2. 发动机的循环

1. _____
2. _____
3. _____

3. 凸轮轴装在汽缸体内的配气机构

1. _____
2. _____
3. _____
4. _____
5. _____

4. 凸轮轴装在汽缸盖上的配气机构

1. _____
2. _____
3. _____
4. _____

« 5. 双凸轮轴发动机（一）

进气凸轮轴
排气凸轮轴

1. _____
2. _____

« 6. 双凸轮轴发动机（二）

进气门
齿轮
排气门

1. _____
2. _____
3. _____
4. _____
5. _____
6. _____

« 7. 四凸轮轴发动机

1. _____
2. _____
3. _____
4. _____
5. _____
6. _____
7. _____
8. _____

« 8. 化油器式发动机燃料供给系统

油管
油管

1. _____
2. _____
3. _____
4. _____

« 9. 进气歧管喷油式发动机

（图：活塞，排气歧管，标注 1、2、3、4）

1. _____
2. _____
3. _____
4. _____

« 10. 汽缸内直接喷油式发动机

（图：进气歧管，活塞，标注 1、2、3、4）

1. _____
2. _____
3. _____
4. _____

« 11. 预燃室式发动机

（图：预热塞，标注 1、2、3）

1. _____
2. _____
3. _____

« 12. 涡流室式发动机

（图：预热塞，标注 1、2、3）

1. _____
2. _____
3. _____

« 13. 四缸水平式发动机的结构

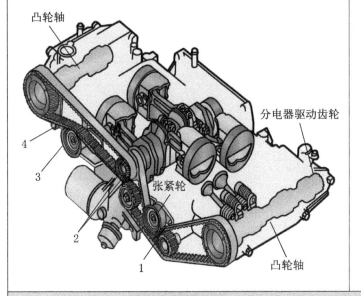

1. ＿＿＿＿＿＿＿＿＿＿
2. ＿＿＿＿＿＿＿＿＿＿
3. ＿＿＿＿＿＿＿＿＿＿
4. ＿＿＿＿＿＿＿＿＿＿

« 14. 往复活塞式发动机的基本结构

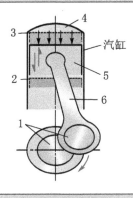

1. ＿＿＿＿＿＿＿＿＿＿
2. ＿＿＿＿＿＿＿＿＿＿
3. ＿＿＿＿＿＿＿＿＿＿
4. ＿＿＿＿＿＿＿＿＿＿
5. ＿＿＿＿＿＿＿＿＿＿
6. ＿＿＿＿＿＿＿＿＿＿

« 15. 桑塔纳AJR汽车发动机结构图

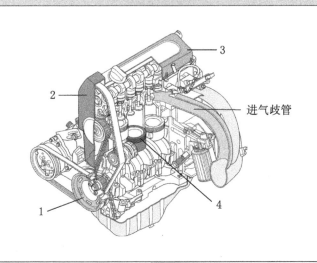

1. ＿＿＿＿＿＿＿＿＿＿
2. ＿＿＿＿＿＿＿＿＿＿
3. ＿＿＿＿＿＿＿＿＿＿
4. ＿＿＿＿＿＿＿＿＿＿

《16. 依维柯柴油发动机结构图

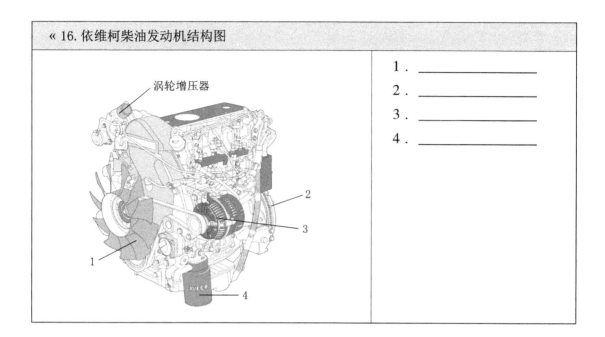

1. ＿＿＿＿＿＿＿＿
2. ＿＿＿＿＿＿＿＿
3. ＿＿＿＿＿＿＿＿
4. ＿＿＿＿＿＿＿＿

单元2　机体－曲柄连杆机构

一　判断题

1. 曲轴扭转减振器可吸收曲轴的扭转振动。　　　　　　　　　　　　　　（　　）
2. 连杆轴承片装入轴承座后，两端应略低。　　　　　　　　　　　　　　（　　）
3. 连杆大头轴承常采用滚柱轴承。　　　　　　　　　　　　　　　　　　（　　）
4. 轴承片在安装至定位前，轴承片的外径应比轴承座的内径小。　　　　　（　　）
5. 现代汽油发动机的汽缸盖均以铝合金制成。　　　　　　　　　　　　　（　　）
6. 汽缸盖与汽缸体之间是用汽缸垫来保持密封的。　　　　　　　　　　　（　　）
7. EX是表示进气门，IN是表示排气门。　　　　　　　　　　　　　　　　（　　）
8. 活塞销在活塞的中央时，汽缸动力冲击面的磨损比压缩冲击面小。　　　（　　）
9. 椭圆活塞的优点为冷时活塞与汽缸壁之间的间隙较小。　　　　　　　　（　　）
10. 椭圆活塞是指活塞冷时其裙部为椭圆形。　　　　　　　　　　　　　（　　）
11. 偏位活塞的活塞销中心线是向动力冲击面偏移。　　　　　　　　　　（　　）
12. 活塞销以锁环锁住防止滑出的固定方式，称为半浮式。　　　　　　　（　　）
13. 以气密为主要目的的活塞环，称为气环。　　　　　　　　　　　　　（　　）
14. 现代汽油发动机使用整体式油环较多。　　　　　　　　　　　　　　（　　）
15. 曲轴上的配重是为了保持曲轴运转平衡。　　　　　　　　　　　　　（　　）
16. 现代直列四缸发动机均采用三道轴颈。　　　　　　　　　　　　　　（　　）
17. V型六缸发动机的夹角有60°与90°两种。　　　　　　　　　　　　　（　　）
18. 减振器除具有皮带轮的功能外，还可减少凸轮轴的扭转振动。　　　　（　　）
19. 汽油机常用干式缸套，而柴油机常用湿式缸套。　　　　　　　　　　（　　）
20. 活塞顶是燃烧室的一部分，活塞头部主要用来安装活塞环，活塞裙部可起导向的作用。　　　　　　　　　　　　　　　　　　　　　　　　　　　　　　（　　）
21. 活塞在汽缸内作匀速运动。　　　　　　　　　　　　　　　　　　　（　　）
22. 活塞径向呈椭圆形，椭圆的长轴与活塞销轴线同向。　　　　　　　　（　　）
23. 气环的密封原理除了自身的弹力外，主要还是靠少量高压气体作用在环背产生的背压而起的作用。　　　　　　　　　　　　　　　　　　　　　　　　（　　）
24. 对于四冲程发动机，无论其是几缸，其作功间隔均为180°曲轴转角。（　　）
25. 当飞轮上的点火正时记号与飞轮壳上的正时记号刻线对准时，第一缸活塞无疑正好处于压缩行程上止点位置。　　　　　　　　　　　　　　　　　　（　　）

26. 多缸发动机的曲轴均采用全支承。（   ）
27. 曲柄连杆机构是发动机实现热功转换的主要机构。（   ）
28. 曲柄连杆机构主要包括机体组、活塞连杆组和曲轴飞轮组三部分。（   ）
29. 机体组主要包括汽缸体、汽缸盖、汽缸垫等。（   ）
30. 活塞连杆组主要包括活塞、活塞环、活塞销、连杆及连杆轴承等。（   ）
31. 曲轴飞轮组主要包括曲轴、曲轴主轴承和飞轮等。（   ）
32. 曲轴箱有直列式、卧式和V型三种结构形式。（   ）
33. 在水冷式发动机的汽缸体和汽缸盖内设的充水空腔，称之为水套。（   ）
34. 汽缸表面必须耐磨，但汽缸体全部用优质耐磨材料制造，其成本较高。为此，除一些小型发动机外，在大、中型的发动机汽缸内一般镶有汽缸套。（   ）
35. 汽缸套有干式和湿式两种。（   ）
36. 汽缸盖的功用是封闭气缸体上部，并与活塞顶构成燃烧室。（   ）
37. 活塞的功用主要是将燃料燃烧放出的热量传递给汽缸。（   ）
38. 活塞主要由顶部、头部和裙部三部分组成，在活塞裙部的上部有活塞销座。（   ）
39. 活塞销偏置的目的是防止活塞在换向时，撞击气缸壁而产生"敲缸"。（   ）
40. 活塞环按其功用可分为气环和油环两类。（   ）
41. 采用半浮式连接的活塞销，活塞销与座孔为间隙配合，而活塞销与连杆小头为过盈配合，活塞销只能在座孔内浮动。（   ）
42. 连杆的功用是将活塞承受的气体压力传给曲轴。（   ）
43. 曲轴的功用是保证发动机平衡。（   ）
44. 非全支承曲轴的主轴颈数等于或少于连杆轴颈数。（   ）
45. 活塞环的泵油作用，可以加强对汽缸上部的润滑，因此是有益的。（   ）
46. 偏位活塞，其销座的偏移方向应朝向作功冲程时活塞受侧压大的一侧。（   ）
47. 活塞裙部直槽一般开在受侧压力较大的一面。（   ）
48. 采用全浮式连接的活塞销，无论在装配时，还是在发动机工作时，活塞销均能在活塞销座孔中自由转动。（   ）
49. 干式汽缸套不直接与冷却液接触。（   ）
50. 全支承曲轴的主轴颈数比连杆轴颈数多一个。（   ）

二、选择题

1. 轴承片的凸出部分，称为挤压高度，约为_____。
   （A）0.5mm　　（B）1.0mm　　（C）1.5mm　　（D）2.0mm

2. 六缸发动机的点火间隔为_____。
   （A）90°　　　　（B）120°　　　　（C）180°　　　　（D）240°

3. 下列对汽缸套的叙述，哪项是错误的？
   （A）汽缸套必须是正圆筒形　　　　（B）干式汽缸套常用于柴油发动机
   （C）干式汽缸套不与冷却水直接接触　（D）湿式汽缸套不必搪缸

4. 下列对活塞的叙述，哪项是正确的？
   （A）现代发动机均采用正圆活塞　　　（B）在活塞裙部开直槽做隔热用
   （C）椭圆活塞在销孔方向的外径较小　（D）凸顶式活塞适合低压缩比发动机

5. 在活塞销毂处镶入特种合金钢片的是_____活塞。
   （A）热偶　　　（B）拖鞋式　　　（C）偏位　　　（D）裂裙式

6. 用来增加活塞环张力的环，称为_____。
   （A）油环　　　（B）气环　　　（C）衬环　　　（D）弹性衬环

7. 下列对连杆的叙述，哪项是错误的？
   （A）连杆的断面为"I"字形　　　（B）一般汽车用发动机的连杆大头是可分解的
   （C）连杆大头轴承盖在安装时有一定的方向
   （D）二冲程汽油发动机的连杆大头为分离式

8. 轴承片的挤压高度的作用是_____。
   （A）使导热性良好　　　　　（B）可减小质量
   （C）使轴承片不易断裂　　　（D）能提高抗压性

9. 直列四缸发动机常用的点火顺序为_____。
   （A）1—3—2—4　（B）1—4—2—3　（C）1—3—4—2　（D）1—2—3—4

10. 四冲程五缸发动机每隔_____产生一次动力。
    （A）120°　　　（B）144°　　　（C）160°　　　（D）180°

11. 曲轴主轴承处的止推片的作用是_____。
    （A）承受曲轴的轴向推力　　　（B）减少主轴承间隙
    （C）降低曲轴的旋转压力　　　（D）提高曲轴转速

12. 某四冲程六缸发动机，排气门在BDC前42°打开，则各缸间的动力重叠角度为_____。
    （A）12°　　　（B）15°　　　（C）18°　　　（D）22°

13. 曲轴上的平衡重一般设在_____。
    （A）曲轴前端　（B）曲轴后端　　　（C）曲轴中部　（D）曲柄上

14. 曲轴轴向定位点采用的是_____。
    （A）一点定位　（B）二点定位　（C）三点定位　（D）四点定位

15. 当汽油机转速为3000~6000r/min时，活塞冲程为_____冲程/s。
    （A）100~200　（B）50~100　（C）150~250　（D）250~300

16. 活塞环的数目是由_____决定的。
    （A）气体压力　　　　（B）缸壁间隙和气体压力
    （C）发动机转速　　　（D）气体压力、缸壁间隙和发动机转速

17. 活塞环的泵油作用，是由活塞环_____存在引起的。
    （A）开口间隙和侧隙　　（B）开口间隙和背隙
    （C）缸壁间隙　　　　　（D）侧隙和背隙

18. 矩形环多装于第_____道环槽。
    （A）一　　（B）一和二　　（C）二和三　　（D）一和三

19. 扭曲环之所以会扭曲是因为_____。
    （A）加工成扭曲的　　（B）环断面不对称
    （C）气体压力作用　　（D）活塞环弹力作用

20. 具有切槽的活塞环称_____。
    （A）锥形环　　（B）扭曲环　　（C）梯形环　　（D）矩形环

21. 哪种切口气环密封性最好_____。
    （A）直切口　　（B）斜切口　　（C）阶梯口　　（D）封闭口

22. 哪种装置用来减少扭转振动_____。
    （A）曲轴　　（B）扭转减振器　　（C）活塞环　　（D）油封

23. 发动机工作时，曲轴主轴承片在座孔内不转、不移、不振，主要是主轴承片的_____。
    （A）定位装置　（B）自由弹力　（C）配合过盈　（D）瓦背的粗糙度

24. 发动机曲轴平衡重是主要平衡_____的。
    （A）往复惯性力　　　　（B）往复惯性力矩
    （C）离心惯性力及其力矩　（D）惯性力及其力矩

25. 某四冲程四缸发动机，发火次序为1—3—4—2，当1缸处于压缩行程时，4缸进行的行程是_____。
    （A）进气　　（B）压缩　　（C）作功　　（D）排气

26. 采用双金属活塞的主要优点是_____。
    （A）增加刚度　　　　（B）限制活塞裙部膨胀量
    （C）节省材料　　　　（D）减少往复运动惯性力

三　填空题

1. 曲柄连杆机构包括_____、_____和_____。
2. 机体—曲柄连杆机构的工作条件为_____、_____、_____和_____。

3. 曲柄连杆机构受力包括_____、_____、_____、_____和_____等。

4. 为平衡旋转惯性力可采取_____、_____等措施。

5. 发动机本体的两大组件为_____和_____，两者之间装_____。

6. 曲柄连杆机构是往复活塞式内燃机将_____转变为_____的主要机构。

7. 汽缸垫用来保持_____，可以防止_____、_____或_____，汽缸垫必须具备良好的_____、_____和_____。

8. 燃烧室的种类有_____、_____、_____和_____。

9. _____是用来连接活塞及连杆小头的。

10. 汽缸套不与冷却水直接接触的称为_____，汽缸套与冷却水直接接触的称为_____。

11. 活塞环的表面处理方法有_____和_____。

12. 连杆总成由_____、_____及_____等组成。

13. 曲轴总成是由_____、_____、_____、_____、_____等组成。

14. 止推片的形式有_____与_____两种。

15. 按冷却介质的不同,汽缸体可分为_____与_____两种。

16. 汽车发动机汽缸的排列方式基本有三种形式：_____、_____和_____。

17. 根据是否与冷却水相接触，汽缸套分为_____和_____两种。

18. 常用汽油机燃烧室形状有_____、_____和_____三种。

19. 活塞环分为_____和_____两种。

20. 四缸四冲程发动机的作功顺序一般是_____或_____；六缸四冲程发动机作功顺序一般是_____或_____。

21. 机体组包括_____、_____、_____等。

22. 活塞连杆组包括_____、_____、_____等。

23. 曲轴飞轮组包括_____、_____等。

24. 活塞销与销座及连杆小头的配合有_____、_____及_____三种形式。

25. 气环的截面形状主要有_____、_____、_____、_____几种。

四、简答题

1. 简述机体-曲柄连杆机构的组成、工作条件及受力情况。
2. 汽缸盖内外的零部件有哪些？
3. 简述燃烧室的种类及设计要求。
4. 简述盆形燃烧室的结构形式及特点。
5. 简述楔形燃烧室的结构形式及特点。
6. 简述半球形燃烧室的结构形式及特点。
7. 简述多气门燃烧室的结构及特点。
8. 何谓干式与湿式汽缸套，各有何特点？
9. 何谓偏位活塞，有何功用？
10. 简述活塞的作用及结构。
11. 简述活塞的分类情况。
12. 活塞销的固定方式有哪几种？
13. 简述活塞环的种类及作用。
14. 简述气环的分类。
15. 简述油环的种类及作用。
16. 简述椭圆活塞的优点。
17. 何谓拖鞋式活塞？有何功用？
18. 简述矩形气环的作用。
19. 简述连杆的组成及功用。
20. 何谓三层轴承？
21. 简述曲轴组成及功用。
22. 简述曲轴皮带轮与飞轮的功用。
23. 何谓动力重叠？

五 看图填空

《1. 汽缸盖及汽缸盖罩

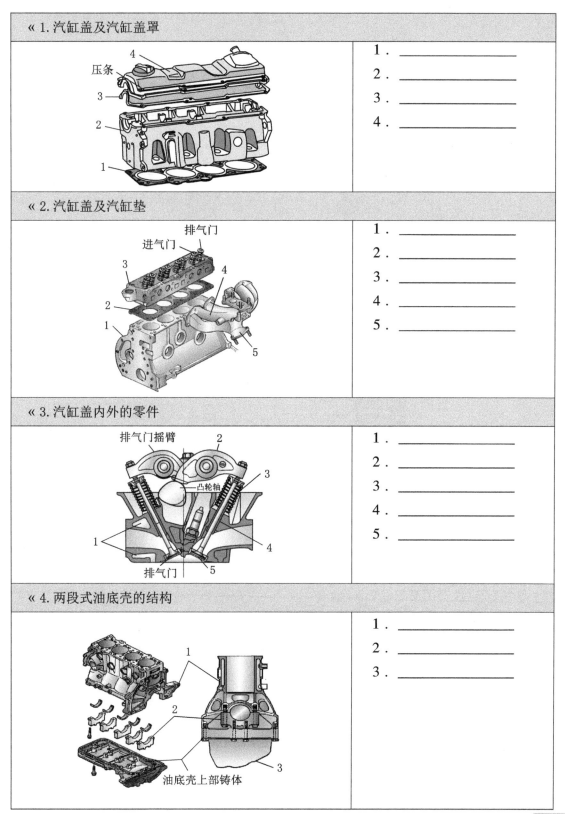

1. _____
2. _____
3. _____
4. _____

《2. 汽缸盖及汽缸垫

1. _____
2. _____
3. _____
4. _____
5. _____

《3. 汽缸盖内外的零件

1. _____
2. _____
3. _____
4. _____
5. _____

《4. 两段式油底壳的结构

1. _____
2. _____
3. _____

« 5. 活塞连杆组构成图

标注: 曲轴链轮、转速传感器脉冲轮

1. _____
2. _____
3. _____
4. _____
5. _____
6. _____
7. _____
8. _____
9. _____
10. _____
11. _____

« 6. 活塞在汽缸中的位置

标注: 汽缸

1. _____
2. _____
3. _____
4. _____
5. _____
6. _____
7. _____

« 7. 活塞各部位的名称

标注: 活塞销壳部

1. _____
2. _____
3. _____
4. _____
5. _____

« 8. 连杆总成的结构

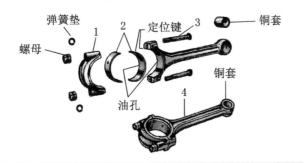

1. _____
2. _____
3. _____
4. _____

« 9. 曲轴各部名称

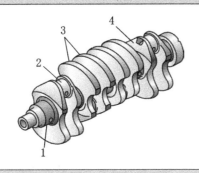

1. _____
2. _____
3. _____
4. _____

« 10. 主轴承盖，主轴承片及止推片

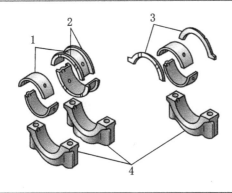

1. _____
2. _____
3. _____
4. _____

« 11. 手动变速器用飞轮

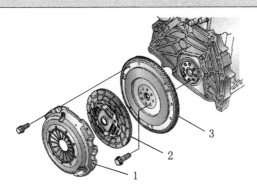

1. _____
2. _____
3. _____

单元3 配气机构

一、判断题

1. 充量系数越高，发动机可能发出的功率越大。（　）
2. 用充量系数表示新鲜空气或可燃混合气充满汽缸的程度。（　）
3. 进气终了时压力越高，温度越高，充量系数越高。（　）
4. 充量系数总是大于1。（　）
5. 通常排气门的头部外径比进气门大，以利于排气。（　）
6. 在安装变螺距气门弹簧时，螺距大的一端朝向汽缸盖。（　）
7. 发动机进、排气门都装有油封。（　）
8. 气门升程即气门打开的距离。（　）
9. 顶置气门配气机构不再使用气门摇臂。（　）
10. 采用延长进、排气时间的方法可以改善进、排气状况，提高发动机的动力性。（　）
11. 对于四冲程发动机，整个进气冲程持续时间所用曲轴转角大于180°，整个排气过程的持续时间所用曲轴转角小于180°。（　）
12. 进气门开启时，排气门必须关闭。反之，排气门开启时，进气门也必须关闭。（　）
13. 现代汽油发动机，以正时皮带或正时链条带动凸轮轴旋转。（　）
14. 采用正时皮带的缺点是必须定期检查及更换。（　）
15. 排气门头部外径比进气门小。（　）
16. 排气门座宽度比进气门座小，以利散热。（　）
17. 排气门杆与导管的间隙应比进气门杆与导管的间隙小。（　）
18. 气门摇臂上的调整螺钉，可调整气门间隙。（　）
19. 采用顶置式气门时，充气系数可能大于1。（　）
20. 气门间隙是指气门与气门座之间的间隙。（　）
21. 排气门的材料一般要比进气门的材料好些。（　）
22. 凸轮轴的转速比曲轴的转速快一倍。（　）
23. 配气机构的功用是关闭进、排气门，防止汽缸漏气。（　）
24. 发动机配气机构的基本组成可分为气门组和气门传动组。（　）
25. 凸轮轴的驱动方式有齿轮传动、链条传动和齿形皮带传动三种方式。（　）

26. 气门头部的作用是与气门座配合，对汽缸进行密封。（ ）
27. 气门座的功用是与气门配合，使汽缸密封。（ ）
28. 气门弹簧的功用是关闭或开启气门。（ ）
29. 气门弹簧不能维修，必要时只能更换。（ ）
30. 凸轮轴的功用是利用凸轮使各缸进、排气门关闭。（ ）
31. 装有液力挺柱的配气机构必须有气门间隙。（ ）
32. 发动机配气机构均必须用摇臂总成改变传动方向。（ ）
33. 配气相位是指发动机进、排气门实际开启或关闭的时刻和开启持续时间，通常用曲轴转角来表示配气相位。（ ）
34. 气门间隙的功用是补偿气门及传动机构受热后的膨胀量。（ ）
35. 气门间隙的检查与调整必须在气门完全开启时进行。（ ）
36. 只要转动曲轴对正点火正时标记，即说明一缸处于压缩上止点位置。（ ）
37. 气门是由凸轮轴上的凸轮来开启的，关闭是依靠气门弹簧实现的。（ ）
38. 为提高气门与气门座的密封性能，气门与座圈的密封带宽度越小越好。（ ）
39. 一般发动机进排门锥角大多采用45°。（ ）
40. 由于曲轴一定是顺时针转动的，凸轮轴则一定是逆时针转动的。（ ）
41. 采用双气门弹簧时，两个弹簧的旋向必须相同。（ ）

二、选择题

1. 下列对张紧轮的叙述，哪项是错误的？
   （A）防止产生噪声　　　（B）避免气门正时改变
   （C）避免点火正时改变　（D）缩短正时皮带长度
2. 下列哪项不是采用正时皮带的优点？
   （A）噪声小　（B）不需润滑　（C）价格便宜　（D）免保养
3. 下列对气门的叙述，哪项是正确的？
   （A）气门锥面的角度通常为30°　（B）气门尾端有槽沟装气门锁夹
   （C）中空气门杆可使外径缩小　（D）气门杆与气门导管接触可帮助密封
4. 气门锥面磨成44°时，则气门座应磨成_____。
   （A）42°　　（B）43°　　（C）45°　　（D）48°
5. 下列叙述哪项是错误的？
   （A）气门弹簧疏的一端向下装　（B）气门油封允许少量机油进入导管
   （C）气门杆与气门导管间必须保持适当的间隙
   （D）气门锁夹用以固定气门杆与弹簧座
6. 直接驱动式配气机构，无_____。

（A）气门摇臂　　（B）凸轮轴　　（C）气门挺杆　　（D）气门弹簧

7. 四冲程发动机曲轴，当其转速为3000r/min时，则同一汽缸的进气门，在1min内开闭次数应该是_____。

（A）6000次　　（B）3000次　　（C）1500次　　（D）750次

8. 曲轴正时齿轮与凸轮轴正时齿轮的传动比是_____。

（A）1∶1　　（B）1∶2　　（C）2∶1　　（D）4∶1

9. 四冲程六缸发动机，各同名凸轮之间的相对位置夹角应当是_____。

（A）120°　　（B）90°　　（C）60°　　（D）30°

10. 若气门间隙过大时，则气门开启量_____。

（A）不变　　（B）变小　　（C）变大　　（D）以上都有可能

11. 四冲程发动机在实际工作中，进排气门持续开启时间对应的凸轮轴转角_____。

（A）大于90°　　（B）等于90°　　（C）小于90°　　（D）等于180°

12. 关于可变气门正时说法错误的是_____。

（A）气门升程是可变的　　（B）气门打开的周期是固定的
（C）在低转速可获得最大转矩　　（D）每套进气门和排气门有三个凸轮

13. 气门的升程取决于_____。

（A）凸轮轴转速　　（B）凸轮轮廓的形状
（C）气门锥角　　（D）配气相位

14. 顶置式配气机构的气门间隙是指_____之间的间隙。

（A）摇臂与推杆　　（B）摇臂与气门
（C）挺杆与气门　　（D）推杆与气门

15. 气门重叠角是_____之和。

（A）进气门早开角与排气门晚关角　　（B）进气门早开角与排气门早开角
（C）进气门晚开角与排气门晚关角　　（D）排气门早开角与排气门晚关角

16. 气门的_____部位与气门座接触。

（A）气门杆　　（B）气门锥面　　（C）气门侧面　　（D）气门导管

17. 当机油泄漏到排气流中时，说明气门的以下哪个部分磨损了？

（A）气门导管　　（B）气门头部　　（C）气门座　　（D）气门弹簧

18. 液力挺柱在发动机温度升高后，挺柱有效长度_____。

（A）变长　　（B）变短
（C）保持不变　　（D）依机型而定，可能变长也可能变短

19. 排气门在活塞位于_____开启。

（A）作功行程之前　　（B）作功行程将要结束时
（C）进气行程开始前　　（D）进气行程开始后

20. 使用四气门发动机的原因是_____。
   （A）可使更多的燃油和空气进入发动机　（B）可得到更好的润滑
   （C）使发动机预热得更快　　　　　　（D）使发动机冷却得更快

21. 采用双气门弹簧或变螺距弹簧的主要作用是_____。
   （A）提高弹簧的疲劳强度　　（B）防止气门弹簧产生共振
   （C）提高弹簧的使用寿命　　（D）防止弹簧折断

22. 下述各零件不属于气门传动组的是_____。
   （A）气门弹簧　（B）挺柱　（C）摇臂轴　（D）凸轮抽

23. 进、排气门在排气上止点时_____。
   （A）进气门开，排气门关　　（B）排气门开，进气门关
   （C）进、排气门全关　　　　（D）进、排气门叠开

24. VVT-i智能可变配气正时系统是根据不同的发动机转速来改变_____。
   （A）进气门的配气相位　　（B）进、排气门的重叠角
   （C）排气门的配气相位　　（D）进、排气门的配气相位

三　填空题

1. _____表示新鲜空气或可燃混合气充满汽缸的程度。
2. 充量系数与进气终了时汽缸内的_____和_____有关。
3. 充量系数总是小于_____，一般为_____。
4. 气门分_____及_____两大部分。
5. 通常进气门的头部外径比排气门_____。
6. 通常进、排气门锥面的角度均为_____。
7. 一般进气门座宽度较小，约为_____；排气门因温度较高，故排气门座宽度较大，约为_____，以利散热。
8. _____使接触面间形成较大的接触压力，帮助气门锥面剪除气门座上的堆积物，使密封良好。
9. 气门导管的作用是保持气门正确的_____。
10. 气门杆与气门导管的间隙若太大时，发动机机油会由此间隙进入燃烧室中，气门导管上方通常装有_____。
11. _____的作用是使气门能紧密的关闭。
12. 在安装时变螺距弹簧时，螺距小的一端向_____，螺距大的一端向_____。
13. 凸轮轴与正时机构包括_____、_____、_____、_____、_____等。
14. 气门打开的距离称为_____。
15. 正时机构分为使用_____和使用_____两种。

16. 正时链条的形式有_____式及_____式两种。

17. _____是用来固定气门弹簧座与气门杆的。

18. 采用延长_____的方法，可以改善进、排气状况，从而提高发动机的动力性。

19. 采用_____与_____来控制进气时间与进气量，从而使发动机在不同的工况下能产生不同的输出功率。

20. 配气机构的功用是_____。

21. 进、排气门同时开启的现象称为_____。

22. 四冲程发动机的曲轴与凸轮轴的转速传动比为_____，即发动机每完成一个工作循环，曲轴旋转_____周，凸轮轴旋转_____周，各缸进、排气门各开启_____次。

23. 采用双气门弹簧时，两个弹簧的旋向必须_____。

四、简答题

1. 简述配气机构的功用。
2. 何谓充量系数？
3. 气门应具备的条件有哪些？
4. 如何防止气门谐振？
5. 气门油封磨损以后会有何现象？
6. 试述凸轮轴的功用。
7. 何谓正时？正时机构的种类有哪些？
8. 采用正时链条的优点是什么？
9. 张紧机构的作用是什么？
10. 采用正时皮带的优缺点是什么？
11. 何谓干涉角？有何作用？
12. 为什么要留气门间隙？调整方法有哪些？
13. 简述气门挺柱的作用。
14. 试述气门摇臂的功用。
15. 何谓配气相位？
16. 如何改善进、排气状况，提高发动机的动力性？
17. 何谓气门重叠？有何作用？
18. 为什么发动机转速不同，要求不同的配气正时？
19. 简述VTEC机构的结构。
20. 简述VTEC机构的工作原理。
21. 气门为什么要早开晚关？

五 看图填空

《 1. 配气机构

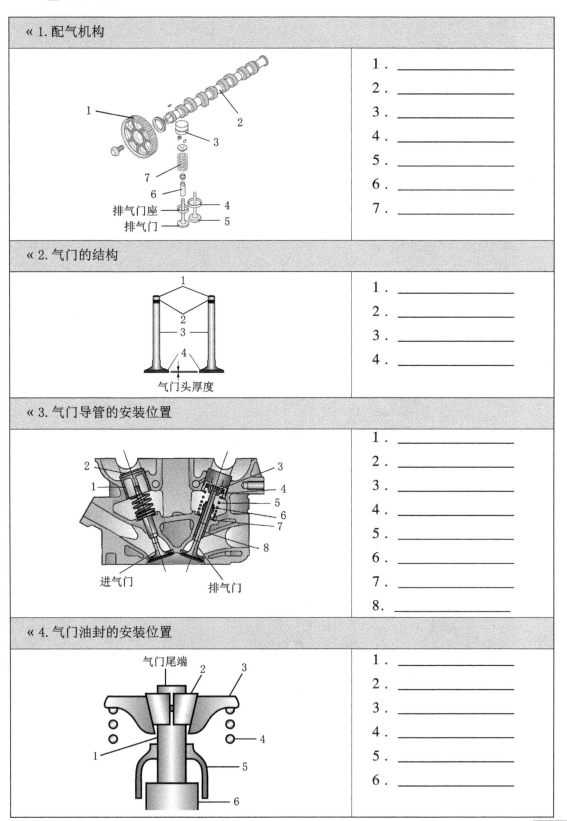

1. _____
2. _____
3. _____
4. _____
5. _____
6. _____
7. _____

《 2. 气门的结构

1. _____
2. _____
3. _____
4. _____

《 3. 气门导管的安装位置

1. _____
2. _____
3. _____
4. _____
5. _____
6. _____
7. _____
8. _____

《 4. 气门油封的安装位置

1. _____
2. _____
3. _____
4. _____
5. _____
6. _____

« 5. OHV发动机凸轮轴及正时机构

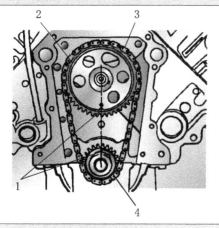

1. _____
2. _____
3. _____
4. _____

« 6. 采用正时皮带的OHC发动机

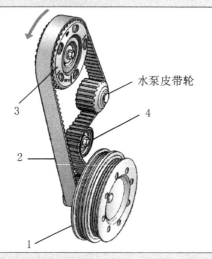

水泵皮带轮

1. _____
2. _____
3. _____
4. _____

« 7. 长链条式正时机构

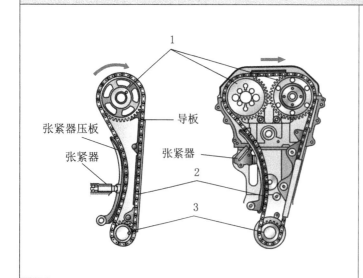

张紧器压板　导板　张紧器　张紧器

1. _____
2. _____
3. _____

《8. 正时皮带式正时机构

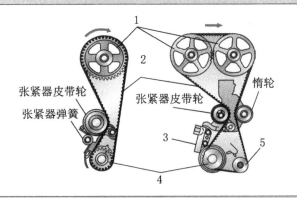

1. _____
2. _____
3. _____
4. _____
5. _____

《9. OHV型气门驱动机构

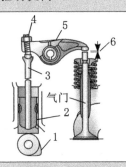

1. _____
2. _____
3. _____
4. _____
5. _____
6. _____

《10. 气门摇臂式OHC型气门驱动机构

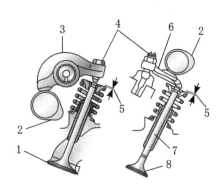

1. _____
2. _____
3. _____
4. _____
5. _____
6. _____
7. _____
8. _____

《11. 直接驱动式气门驱动机构

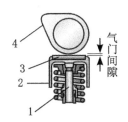 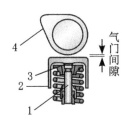

1. _____
2. _____
3. _____
4. _____

单元4　进、排气系统及增压机构

一　判断题

1. 现代新型发动机多数采用电子节气门控制。（　）
2. 直列式发动机，进气歧管与排气歧管一般布置于汽缸盖的一侧。（　）
3. V型发动机，进气歧管一般是装在两排汽缸的中间，排气歧管则分别装在汽缸盖的外侧。（　）
4. 汽油喷射式发动机进气歧管比化油器式短。（　）
5. 干纸式空气滤芯不可重复使用。（　）
6. 怠速控制阀的功用使冷发动机以快怠速运转，来维持发动机稳定运转及迅速加温发动机。（　）
7. 空气阀在发动机热车后仍然起作用。（　）
8. 线性移动式ISC阀，是指开闭旁通道的阀门为线性移动。（　）
9. 排气管全部采用耐高温的铸铁制成。（　）
10. 合成纤维布式空气滤芯，使用后必须直接换新。（　）
11. 消声器是用来降低排气压力、温度及噪声。（　）
12. 流经空气阀的空气不经过空气流量计计量。（　）
13. 汽油喷射式发动机的节气门体上，通常都装有节气门位置传感器。（　）
14. 利用空气滤清器滤除空气中的杂质主要是为了减轻发动机的磨损。（　）
15. 进气歧管的功用是将混合气或空气均等分送到各个汽缸。（　）
16. 排气歧管的功用是将各汽缸排出的废气汇集起来，经排气消声器排入大气。（　）
17. 由于安装排气消声器使排气阻力增加，发动机功率略有下降。（　）
18. 氧化型催化转化器可以净化CO、HC、NOx。（　）
19. 进气增压机构可以增加发动机的功率。（　）
20. 三元催化转换器可以净化CO、HC、NOx。（　）

二　选择题

1. 下列对于线性移动式ISC说法，错误的是_____。

（A）ISC阀由电磁线圈、阀轴、阀门、阀座及弹簧所组成

（B）ECM通过控制ISC工作时间比率来控制怠速转速

（C）ISC阀的电磁线圈通电时间越长，阀门的开度就越大

（D）ISC阀不能控制发动机的快怠速

2. 下述哪项不是不锈钢管排气管的优点？

（A）管壁薄　　（B）质量小　　（C）强度大　　（D）容积效率高

3. 下列经济性好的增压器是_____。

（A）气波增压　　（B）机械增压　　（C）混合增压　　（D）涡轮增压

4. 汽油机工作时用来提供清洁空气的主要总成是_____。

（A）空气滤清器　　（B）化油器　　（C）汽油泵　　（D）汽油滤清器

5. 长型进气歧管_____。

（A）使进气分配平均　　（B）可提高容积效率

（C）重量较轻　　（D）占据空间较小

6. 下面不是三种基本增压机构类型的是_____。

（A）气波增压　　（B）机械增压　　（C）混合增压　　（D）涡轮增压

7. 三元催化转换器可净化_____。

（A）CO、HC、CO_2　　（B）NO_x、CO_2

（C）CO、HC、NO_x　　（D）CO、NO_x、CO_2

8. 下面不是进气系统组成的是_____。

（A）进气管　　（B）空气滤清器　　（C）消声器　　（D）进气总管

三　填空题

1. 进气系统是由_____、_____、_____、_____、_____等组成。

2. 节气门体旁均装有_____或_____。

3. _____安装在空气流量计与进气总管间的进气管上。

4. 直列式发动机，进气歧管与排气歧管一般是分置于_____；V型发动机，进气歧管一般是装在_____，排气歧管则分别装在_____。

5. 进气歧管的功用是_____，长型进气歧管具有_____，可提高汽缸的容积效率。

6. 安装_____或_____可以降低因进气门开、闭所造成的进气噪声，提高进气效率。

7. 空气滤芯有_____式和_____式两种。

8. 空气阀的功用是使冷发动机_____，来维持发动机稳定运转及迅速加温发

动机。

9. 根据怠速控制阀的功用及是否用ECM（发动机控制模块）控制，可分为_____和_____。

10. 空气阀装在连通节气门前后方的_____。蜡球式空气阀由_____、_____及_____等组成。

11. 线性移动式ISC阀是指开闭旁通道的阀门为_____。

12. EACV是由_____、_____、_____、阀座及弹簧所组成。由ECM控制_____的大小，以控制怠速转速。电磁线圈通电时间越长，阀门的开度就_____，怠速转速就_____。

13. 排气装置是由_____、_____、_____及_____等所组成。

14. 排气管共有_____段，中间是_____。

15. 为了降低排气的高压、高温及噪声，通常会采用_____个消声器。

16. 催化转换器可以净化排气中的_____、_____、_____污染气体。依其功能可分为_____、_____、_____，现代汽油发动机多采用_____。

17. 所谓增压就是将空气_____，以提高_____，增加_____的一项技术。增压有_____、_____和_____等三种基本类型。

18. 排气消声器的作用就是降低排气_____、_____及_____。

19. 空气滤清器的作用是滤除_____、_____，以防止损坏活塞、汽缸，并避免脏污空气混入机油后，造成各润滑部位的磨损。

四、简答题

1. 塑胶式进气管总成有何优点？
2. 简述空气滤清器的功用。
3. 简述ISC阀的组成及功用。
4. 简述可变进气系统的功用。
5. 不锈钢制排气歧管有何优点？
6. 简述催化转化器的作用及类型。
7. 何谓增压？有何功用？如何分类？
8. 简述机械增压系统的原理及优缺点。
9. 简述涡轮增压器的原理及优缺点。
10. 简述气波增压器的原理及优缺点。

五 看图填空

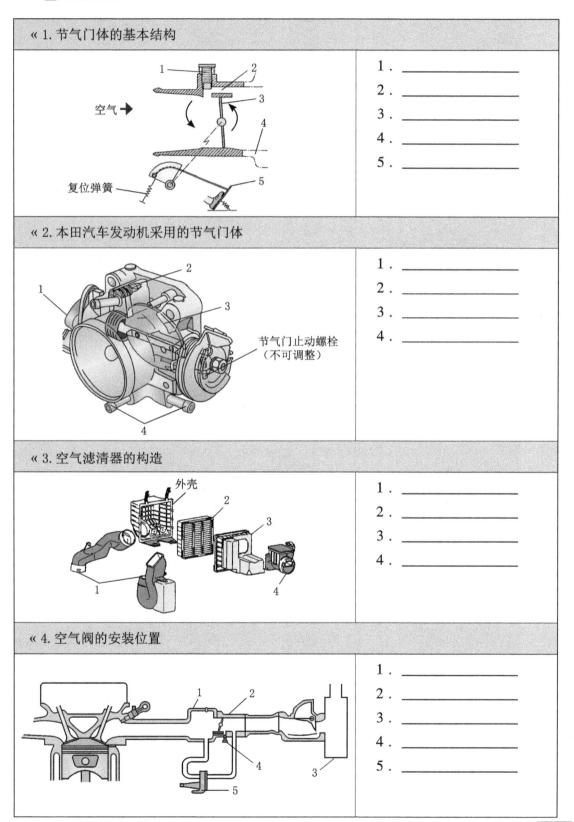

« 5. 排气装置的组成

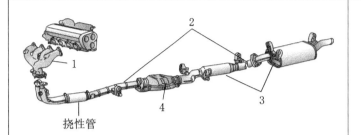

挠性管

1. _____
2. _____
3. _____
4. _____

« 6. 排气歧管

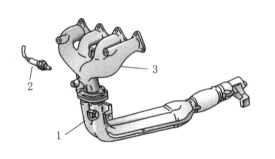

1. _____
2. _____
3. _____

« 7. 排气管的结构

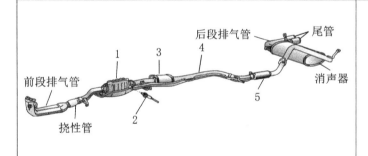

后段排气管　尾管
前段排气管　消声器
挠性管

1. _____
2. _____
3. _____
4. _____
5. _____

« 8. 涡轮增压器

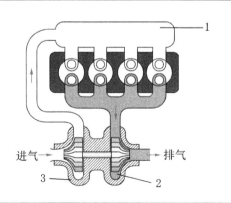

进气　排气

1. _____
2. _____
3. _____

9. 气波增压示意

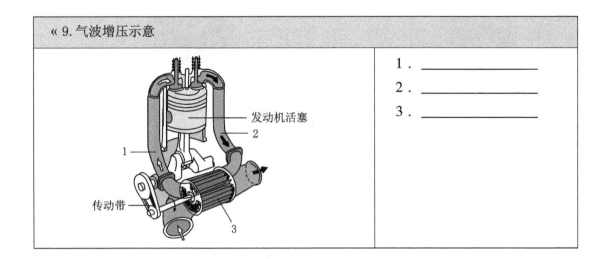

1. ＿＿＿＿＿＿＿＿
2. ＿＿＿＿＿＿＿＿
3. ＿＿＿＿＿＿＿＿

单元5　汽油机燃料供给系统

一、判断题

1. 光电式曲轴位置传感器的LED光束通过圆盘输出高电后，LED光束被阻断时输出低电压。（　　）
2. 高电阻式喷油器，喷油器内部电阻为2～3Ω。（　　）
3. 喷油器是电子控制系统中的传感器。（　　）
4. 压力调节器的功能，就是用来维持供油压力为恒定值。（　　）
5. 用于汽油喷射式发动机的电动式汽油泵都装在汽油箱内。（　　）
6. 汽油喷射发动机的燃油供给系都留有回油管以让低压汽油流回汽油箱。（　　）
7. 节气门位置传感器的输出电压与节气门开度成正比。（　　）
8. 歧管绝对压力传感器安装在节气门之前的进气总管上。（　　）
9. 进气温度越低，进气温度传感器的电阻值越小。（　　）
10. 电磁式曲轴位置传感器当凸齿在磁极间时无感应电压；当凸齿接近或离开磁极时感应的电压最高。（　　）
11. 流经空气阀或怠速空气控制阀的空气不经过空气流量计。（　　）
12. NTC型电阻的变化与温度成反比，PTC型电阻的变化与温度成正比。（　　）
13. 车用温度传感器多数都是采用PTC型。（　　）
14. 氧传感器都是在浓混合比产生高电压，稀混合比时产生低电压。（　　）
15. 二氧化钛（TiO_2）是利用参考电压电阻改变后以变化输出电压，二氧化锆（ZrO_2）是自己产生输出电压。（　　）
16. 暖车时喷油增量在发动机发动后数十秒停止。（　　）
17. ECM送出的喷射信号时间与汽油喷射持续时间相等。（　　）
18. 发动机控制模块（ECM）本身不具备自我诊断、故障安全及备用等功能。（　　）
19. 现代汽油喷射发动机的汽油喷射都是采用连续喷射方式。（　　）
20. 不论控制方式如何，当发动机停止运转时，汽油泵均不作用。（　　）
21. ECM送给喷油器的脉冲宽度越宽，喷油量就越多。（　　）
22. MAF传感器装在进气总管上。（　　）
23. 翼板式空气流量计的体积大，进气阻力也大。（　　）
24. 卡门涡流的频率与空气流速成反比，检测卡门涡流产生的频率，即可知道进气量。（　　）

25. 电磁式曲轴位置传感器是送出交流电压信号给ECM。　　　　　　（　）
26. 同步喷射式，曲轴两圈内各缸喷油器同步喷射一次最常采用。　　（　）
27. 汽油喷射量根据电压做修正，所称电压是指蓄电池电压的高低。　（　）
28. DTC可用诊断器读出。　　　　　　　　　　　　　　　　　　　（　）
29. 更换汽油喷射发动机的汽油滤清器前，通常必须将管路内的汽油压力释放掉。　　　　　　　　　　　　　　　　　　　　　　　　　　　　（　）
30. 采用燃油喷射系统的汽油机比用化油器的汽油机，废气排放量少，但动力性差。　　　　　　　　　　　　　　　　　　　　　　　　　　　　（　）
31. 空气流量计、空调开关信号、点火控制器都是发动机电脑的信号输入装置。　　　　　　　　　　　　　　　　　　　　　　　　　　　　　　（　）
32. 喷油器、EGR阀、活性炭罐电磁阀都是执行器。　　　　　　　　（　）
33. 对与四缸发动机，发动机控制模块用两个电路来控制所有4个喷油器这种喷射系统是分组喷射方式。　　　　　　　　　　　　　　　　　　　（　）
34. 喷油器采用同时喷射方式时，一般每个工作循环喷两次油。　　　（　）
35. 喷油器采用顺序喷射方式时，一般是在每个缸进气行程时，各缸轮流喷射一次。　　　　　　　　　　　　　　　　　　　　　　　　　　　　（　）
36. 机械式汽油喷射系统采用的是连续喷射方式。　　　　　　　　　（　）
37. 通过进气管压力与发动机转速测量计算出进气量的方式是直接测量方式。　　　　　　　　　　　　　　　　　　　　　　　　　　　　　　（　）
38. 通过空气流量计测量单位时间内发动机吸入的空气量是间接测量方式。（　）
39. 目前大多数电动汽油泵是装在汽油箱内部的。　　　　　　　　　（　）
40. 电动油泵中的单向阀能起到一种保护作用，当油压过高时能自动减压。（　）
41. 电磁脉冲式曲轴位置传感器不需ECM供给5V电源，只要转动传感器就能产生信号。　　　　　　　　　　　　　　　　　　　　　　　　　　　　（　）
42. 空气流量计的作用是测量发动机的进气量，ECM根据空气流量计的信号确定基本喷油量。　　　　　　　　　　　　　　　　　　　　　　　　（　）
43. 进气歧管绝对压力传感器与空气流量计的作用是相当的，所以一般发动机上，这两种传感器只装一种。　　　　　　　　　　　　　　　　　　（　）
44. 当发动机在高转速运行下节气门突然关闭时，将切断喷油。　　（　）
45. 卡门涡流式空气流量计送出的是模拟信号。　　　　　　　　　　（　）
46. 热线式空气流量计体积小、质量小、进气阻力小、不易积污物。（　）

二 选择题

1. 下列关于翼板式空气流量计的的说法，错误的是_____。

（A）传感器所占空间大　　　（B）进气道阻力大，容积效率降低
（C）易积污垢　　　　　　　（D）信号不准确

2. 下列关于热线式空气流量计的说法，错误的是_____。
（A）体积小　（B）质量小　（C）进气阻力小　（D）不易积污物

3. 下列关于卡门涡流式空气流量计的优点说法错误的是_____。
（A）空气通道结构简化，能降低进气阻力
（B）传感器送出的是模拟信号，ECM不可直接处理
（C）不同的空气流量下，均能提供精确的输出信号
（D）无运动零件，耐久性好

4. 用ECM控制汽油泵，当点火开关转到ON位置，发动机尚未起动时，油泵_____。
（A）不工作　（B）一直工作　（C）工作2~5s　（D）间歇工作

5. 下列关于节气门位置传感器说法错误的是_____。
（A）节气门位置传感器的参考电压为5V
（B）节气门位置传感器输出电压信号与节气门开度成正比
（C）节气门位置传感器的电压信号是线性输出
（D）节气门位置传感器是基本喷油量的主控信号

6. 高电阻式喷油器内部电阻为_____Ω。
（A）2~3　（B）5~7　（C）8~10　（D）12~16

7. 暖车时加速增量是根据_____来起作用。
（A）水温传感器　　　　（B）进气温度传感器
（C）空气流量计　　　　（D）节气门位置传感器

8. 喷油器作用延迟时间的变化由_____决定。
（A）水温传感器　　　　（B）节气门位置传感器
（C）发动机转速传感器　（D）蓄电池电压

9. 发动机冷却水温度传感器不能对下列哪项进行修正_____。
（A）对喷油量　（B）点火时间　（C）怠速转速　（D）进气量

10. 汽油喷射式发动机汽油滤清器内的压力可达_____MPa。
（A）0.2~0.3　（B）0.5~1.0　（C）1.0~2.0　（D）2.5~3.5

11. 在各缸进气歧管靠近进气门的进气口上安装喷油器，是属于_____。
（A）单点喷射式　　　（B）多点喷射式
（C）缸内直接喷射式　（D）进气总管喷射式

12. ECM是指_____。
（A）节气门体　（B）发动机控制模块
（C）喷油器　　（D）空气流量计

13. 单纯作为快怠速调节用的是_____。

（A）IAC阀　　（B）ISC阀　　（C）怠速调整螺钉　　（D）空气阀

14. ISC阀是属于电子控制系统中的_____。

（A）传感器　　（B）开关　　（C）ECM　　（D）执行器

15. 使燃油共轨内的汽油压力随进气歧管压力而变化的是_____。

（A）压力调节器　（B）油压脉冲缓冲器　（C）汽油滤清器　（D）喷油器

16. 下列哪项不是组成汽油喷射发动机电子控制系统的零件_____。

（A）电脑　　（B）执行器　　（C）喷油器　　（D）传感器

17. MAP传感器_____。

（A）是压力传感器的一种　　　　（B）可直接计测进气量

（C）装在节气门之前的进气管上　（D）常用来计测空气滤清器处的压力

18. 曲轴位置传感器的信号无下列哪种功能？

（A）判定活塞在TDC位置　　　　（B）算出发动机转速

（C）使点火线圈的一次电流适时切断　（D）测知发动机将要产生爆震

19. 电位计式节气门位置传感器，在节气门全开时的输出电压为_____。

（A）0.3～0.8V　（B）1.0～1.5V　（C）2.0～3.5V　（D）4.0～5.0V

20. 根据爆震传感器的信号，ECM使_____。

（A）喷油量减少　　　　（B）点火时间延后

（C）发动机转速升高　　（D）车速提高

21. 下列对氧传感器的叙述，哪项是错误的？

（A）ECM根据其信号来修正喷油量，控制空燃比在理论空燃比附近

（B）二氧化锆式会自行产生输出电压

（C）二氧化锆式与二氧化钛式的作用原理相同

（D）混合比稀时送出低电压信号

22. 现代四缸发动机常采用_____。

（A）顺序喷射　　（B）同步喷射　　（C）分组喷射　　（D）单点喷射

23. 当汽油喷射系统产生故障时_____会点亮以警告驾驶人。

（A）DTC　　（B）DLC　　（C）MIL　　（D）ECM

24. 采用燃油喷射系统的汽油机与采用化油器的汽油机相比较，以下描述错误的是_____。

（A）动力性有所提高　　　　（B）经济性有所提高

（C）有害物排放量有所提高　（D）加速性能有所提高

25. 以下_____是发动机输入信号的器件。

（A）空气流量计　（B）点火模块　（C）ECR阀　（D）喷油器

26. 以下是燃油喷射发动机执行器的是_____。

（A）曲轴位置传感器　　（B）节气门位置传感器

（C）空气流量计　　　　　　（D）活性炭罐电磁阀

27. 电喷发动机两个喷油器的控制线路是合并在一起后经ECM控制的，这种喷射方式是_____方式。

（A）分组喷射　　（B）同时喷射　　（C）顺序喷射　　（D）单点喷射

28. 采用同时喷射方式时，一般每个工作循环喷_____次油。

（A）1　　（B）2　　（C）3　　（D）4

29. 间接测量方式测量进气量的是_____。

（A）翼板式流量计　　（B）热膜式流量计
（C）真空压力传感器　　（D）热线式流量计

30. 采用顺序喷射方式时，一般喷油是在_____进行。

（A）排气上止点前　　（B）排气上止点后
（C）压缩上止点前　　（D）压缩上止点后

31. 对喷油量起决定性作用的是_____。

（A）空气流量计　　（B）水温传感器
（C）氧传感器　　（D）节气门位置传感器

32. 当节气门开度突然加大时，燃油分配管内油压_____。

（A）升高　　（B）降低　　（C）不变　　（D）先降低再升高

33. 在多点电控汽油喷射系统中，喷油器的喷油量主要取决于喷油器的_____。

（A）针阀升程　　（B）喷孔大小
（C）内外压力差　　（D）针阀开启的持续时间

34. 在_____式空气流量计中，还装有进气温度传感器和油泵控制触点。

（A）翼片　　（B）卡门旋涡　　（C）热线　　（D）热膜

35. 负温度系数的热敏电阻其阻值随温度的升高而_____。

（A）升高　　（B）降低　　（C）不受影响　　（D）先高后低

36. 在下列空气流量计中，测量空气速度密度方式的是_____空气流量计。

（A）压力式　　（B）翼片式　　（C）卡门涡流式　　（D）热线式

37. 装有_____的电控燃油喷射系统中，其控制方式属于闭环控制方式。

（A）氧传感器　　　　　　（B）节气门位置传感器
（C）进气温度传感器　　（D）曲轴位置传感器

38. 使燃油压力与进气歧管绝对压力之差保持恒定的是_____。

（A）节气门　　　　　　　　（B）油压缓冲器
（C）燃油压力调节器　　（D）电动汽油泵

三　填空题

1. 汽油发动机的燃料供给系统可分成_____及_____两种。为了防止从燃料供给系统蒸发的油气空气污染，还设置了_____蒸发气体排出控制装置。

2. 汽油喷射系统按照空气量的检测方法可分为_____、_____、_____。
3. 汽油喷射系统按照控制方式可分为_____、_____、_____。
4. 汽油喷射系统按照汽油的喷射位置可分为_____、_____。
5. 汽油喷射系统按照喷油器的数目可分为_____、_____。
6. 汽油喷射系统近按照汽油的喷射方式可分_____和_____。
7. 空气流量计有_____、_____、_____及_____等几种。
8. 进气歧管多点汽油喷射系统由_____、_____及_____三部分所组成。
9. 汽油供给系统由油箱、_____、_____、_____和喷油器等组成。
10. 汽油箱是储存汽油的装置，由加_____、_____、_____及汽油箱本体所组成。若是用于汽油喷射式发动机，则在油箱内装有_____。
11. 在装有防止HC排出的蒸发气体排出控制装置的汽油箱加油口盖内有_____与_____，当油箱内压力达到一定值时，_____打开泄压；当汽油箱内形成真空时，_____打开，让空气进入汽油箱。
12. 喷油器由_____、_____、_____、_____等所组成。
13. 电动汽油泵的控制方式有_____式和_____式汽油泵。
14. 压力调节器的功能是用来维持_____。
15. 高电阻式喷油器的内部电阻约为_____，工作电压为_____。
16. 喷油器的脉冲宽度越宽，喷油时间_____，喷油量_____。
17. 空气从空气滤清器，流经_____后，进入_____、进气总管及进气歧管，再送入汽缸。
18. 空气流量计用以计测发动机的_____，将信号送给ECM，配合_____，以决定基本喷射量。空气流量计安装在_____。
19. 节气门传感器的参考电压为_____，输出电压与节气门开度成_____，当节气门全时输出电压为_____。节气门关闭时输出电压为_____。
20. 歧管绝对压力传感器是压力传感器的一种，用来计测_____，安装在_____。
21. 进气温度传感器可装在_____、_____、_____或_____。
22. 进气温度传感器的电阻值大时，表示进气温度_____；反之，表示进气温度_____。
23. 卡门涡流式空气流量计可分为_____式与_____式两种。
24. 电子控制系统是由_____、_____与_____所组成。
25. 电磁式传感器当凸齿在磁极间时，感应电压_____；当凸齿接近或离开磁极时，感应电压_____。
26. 曲轴位置传感器可分为_____、_____、_____。

27. 光电式曲轴位置传感器LED光束能过圆盘时的输出电压＿＿＿＿＿，LED光束被阻断时输出电压＿＿＿＿＿。

28. 热敏电阻可分成＿＿＿＿与＿＿＿＿两种，＿＿＿＿电阻的变化与温度成反比，＿＿＿＿电阻的变化与温度成正比。

29. 氧传感器根据其安装位置的不同可分为＿＿＿＿式、＿＿＿＿式、＿＿＿＿式三种；根据所用材料的不同可分为＿＿＿＿式和＿＿＿＿式两种。

30. 当混合气浓时，氧传感器可产生大约＿＿＿＿电压；当混合器稀时，氧传感器可产生大约＿＿＿＿电压。

31. 靠近发动机式的氧传感器主要是用来帮助ECM维持＿＿＿＿。

32. 靠近三元催化转换器入口式的氧传感器称为＿＿＿＿，用来监测＿＿＿＿效率。

33. 靠近三元催化转换器出口式的氧传感器称为＿＿＿＿，用来监测＿＿＿＿。

34. 电脑内部的结构是由＿＿＿＿、＿＿＿＿、＿＿＿＿、＿＿＿＿、＿＿＿＿、＿＿＿＿及线束插座与外壳所组成。

35. 参考电压调节器的功用是＿＿＿＿，常见的参考电压值为＿＿＿＿。

36. 放大器的作用是提高＿＿＿＿，以供ECM使用。

37. 转换器的作用是转换传感器的＿＿＿＿以供ECM使用；或将ECM的＿＿＿＿以供执行器作用。

38. 输出驱动器的作用是＿＿＿＿，使执行器作用。

39. 喷射正时是指＿＿＿＿。汽油机的喷射正时一般可分成＿＿＿＿、＿＿＿＿及＿＿＿＿等三种方式。

40. 同步喷射式是各缸喷油器＿＿＿＿进行喷射；顺序喷射是指喷油器根据发动机的＿＿＿＿进行喷射；分组喷射是将喷油器根据发动机每个工作循环分成若干组＿＿＿＿进行喷射。

41. 汽油喷射量修正包括＿＿＿＿、＿＿＿＿暖车时增量、＿＿＿＿、＿＿＿＿、＿＿＿＿、＿＿＿＿、＿＿＿＿及空燃比反馈修正等。

42. 起动时与起动后喷油的增量是根据＿＿＿＿而变化，＿＿＿＿越低，汽油增量＿＿＿＿，增量修正的时间也＿＿＿＿。

43. 暖车时加速增量是根据＿＿＿＿来起作用。

44. 热车时加速喷油增量是由＿＿＿＿决定。

45. 节气门关闭减速时，ECM会＿＿＿＿喷射时间。

46. ECM可根据＿＿＿＿或＿＿＿＿，来测知发动机是否在全负荷状态。

47. 当进气温度低时，混合比会＿＿＿＿；进气温度高时，混合比会＿＿＿＿，ECM由＿＿＿＿送来的信号而改变混合比。

48. 为了确保正确的混合比，喷油器的开启时间必须与ECM所决定的持续时间＿＿＿＿，ECM送出的喷射信号时间应等于＿＿＿＿。

49. 喷油器作用延迟时间的变化，依_____而定。当_____时，延迟时间短；当_____时，延迟时间长。

50. 喷油量空燃比反馈修正应用在装设_____的车型，ECM根据来自氧传感器的电压信号变化，修正_____，以精确控制混合比在理论空燃比。

51. 电控燃油喷射系统主要的执行器有_____、_____、_____、_____等。

52. 急速修正包括_____修正、_____修正、_____修正、_____修正、_____修正、_____修正及_____修正等。

53. 发动机起动时及起动后的一定时间内，ECM使ISC阀_____，急速_____，防止_____。

54. 水温低时，ECM使ISC阀_____，以确保适当的_____。

55. 当车辆长期使用后，因堵塞或磨损所造成的急速转速下降，ECM使ISC阀_____，以修正至_____。

56. 当前照灯、刮水器及冷却风扇等电器负荷大，造成急速转速下降时，ECM使ISC阀_____，以_____。

57. 换挡杆在N、P位置以外时，ECM使ISC阀_____，以防止_____。

58. 使用动力转向时，动力转向机油压开关将负荷信号送给ECM，ECM使ISC阀_____，以维持_____。

59. 空调作用时，ECM使ISC阀_____，以防止_____。

60. 点火时间修正包括_____、_____、_____、_____等。

61. 在低温时，ECM使点火_____，以保持低温运转性能；在高温时，ECM使点火_____，以免产生爆震及过热。

62. 为保持急速稳定，ECM在急速时会不断侦测转速的_____，若急速低于目标转速时，ECM会使点火角度_____；反之，ECM会使点火角度_____。

63. 发生爆燃时，ECM根据爆燃的强弱使点火时间_____，以免爆燃情形发生。

64. 自动挡汽车，在向上或向下换挡时，_____点火时间，_____发动机转矩，以减少换挡振动。

65. 电控单元的指令是通过_____来完成的。

66. 空气流量传感器可分为两种：一种是直接测量_____的传感器；另一种是直接测量_____的传感器。

67. 曲轴位置传感器有_____、_____和_____三种。

68. 水温传感器用来检测发动机冷却水的温度，该值作为_____和_____的修正量。

69. 节气门位置传感器装在_____上。

70. 在多点喷射中，喷油时刻的控制方式有三种：_____、_____和_____。

71. 根据空气质量和发动机转速计算出的喷油时间称为_____。

四 简答题

1. 简述汽油喷射系统的分类。
2. 何谓空气量质量流量检测方式？
3. 何谓空气量速度—密度检测方式？
4. 何谓空气量节气门速度检测方式？
5. 简述电子控制式汽油喷射系统工作原理。
6. 何谓缸内喷射式燃油供给系统？有何优点？
7. 何谓单点喷射式燃油喷射系统？有何特点？
8. 何谓多点喷射式燃油喷射系统？有何特点？
9. 何谓连续喷射式燃油喷射系统？
10. 何谓间歇喷射式燃油喷射系统？有何特点？
11. 简述内置式电动油泵的结构及工作原理。
12. 为什么要安装燃油压力调节器？有何功用？
13. 为何要安装脉冲缓冲器？有何作用？
14. 简述空气流量计的作用。
15. 翼板式空气流量计有何缺点？
16. 简述热线式空气流量计的结构、工作原理及优缺点。
17. 卡门涡流式空气流量计有何优点？
18. 简述卡门涡流式空气流量计的基本原理及种类。
19. 试述电子控制汽油喷射系统相对于化油器式系统的优点。
20. 简述节气门位置传感器的功用。
21. 简述歧管绝对压力传感器的作用。
22. 简述压阻式MAP传感器的组成及工作原理。
23. 简述电子控制系统的组成及工作过程。
24. 简述ECM的功用。
25. 简述曲轴位置传感器的作用及类型。
26. 简述发动机冷却水温度传感器的作用。
27. 简述爆震传感器的作用。
28. 简述氧传感器的作用及工作原理。
29. 简述ECM的结构及各主要零件的基本功能。
30. 何谓同步喷射式喷射正时控制方式？有何特点？
31. 何谓分组喷射式喷射正时控制方式？

32. 何谓顺序喷射式喷射正时控制方式？
33. ECM如何控制基本喷射量？
34. 简述汽油喷射量修正项目。
35. ECM如何控制点火时间？
36. 简述点火时间修正项目。
37. 怠速控制的修正项目有哪些？
38. 简述电控发动机的自我诊断与故障码显示功能。
39. 何谓ECM的故障安全功能？
40. 何谓电控发动机的备用功能？

五 看图填空

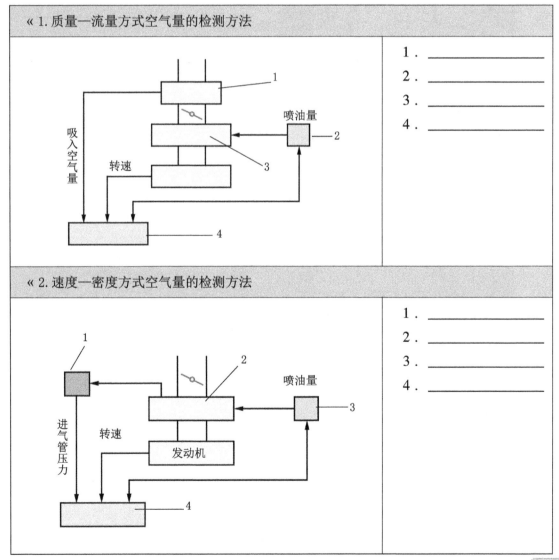

《1. 质量—流量方式空气量的检测方法

1. _____
2. _____
3. _____
4. _____

《2. 速度—密度方式空气量的检测方法

1. _____
2. _____
3. _____
4. _____

《3. 节气门—速度方式空气量的检测方法

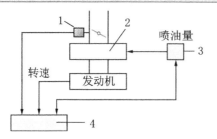

1. ＿＿＿＿＿＿
2. ＿＿＿＿＿＿
3. ＿＿＿＿＿＿
4. ＿＿＿＿＿＿

《4. 机械控制式汽油喷射系统

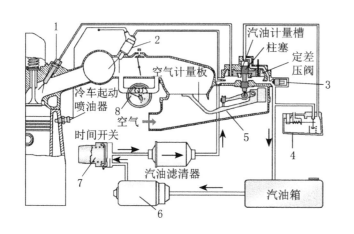

1. ＿＿＿＿＿＿
2. ＿＿＿＿＿＿
3. ＿＿＿＿＿＿
4. ＿＿＿＿＿＿
5. ＿＿＿＿＿＿
6. ＿＿＿＿＿＿
7. ＿＿＿＿＿＿
8. ＿＿＿＿＿＿

《5. 机械电子控制式汽油喷射系统

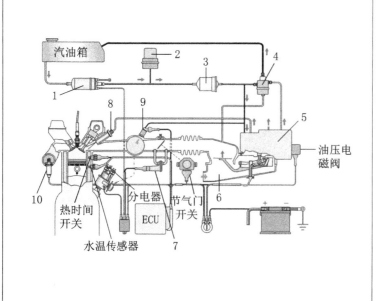

1. ＿＿＿＿＿＿
2. ＿＿＿＿＿＿
3. ＿＿＿＿＿＿
4. ＿＿＿＿＿＿
5. ＿＿＿＿＿＿
6. ＿＿＿＿＿＿
7. ＿＿＿＿＿＿
8. ＿＿＿＿＿＿
9. ＿＿＿＿＿＿
10. ＿＿＿＿＿＿

《6.电子控制式汽油喷射系统

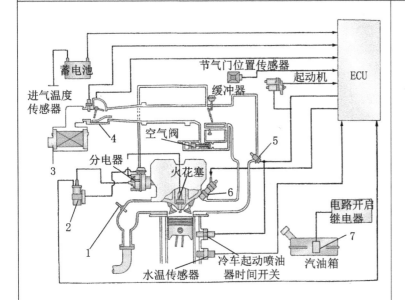

1. _____
2. _____
3. _____
4. _____
5. _____
6. _____
7. _____

《7.单点喷射式系统

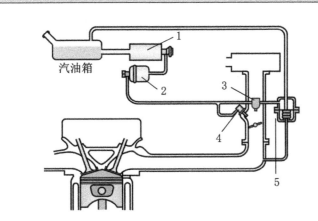

1. _____
2. _____
3. _____
4. _____
5. _____

《8.多点喷射式系统

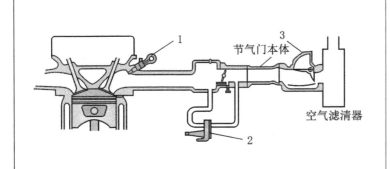

1. _____
2. _____
3. _____

《9. 进气歧管多点汽油喷射系统的组成

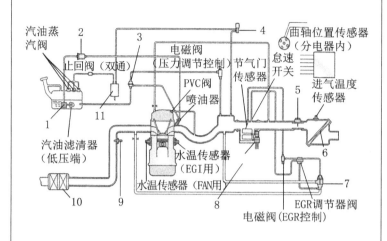

1. ＿＿＿＿＿
2. ＿＿＿＿＿
3. ＿＿＿＿＿
4. ＿＿＿＿＿
5. ＿＿＿＿＿
6. ＿＿＿＿＿
7. ＿＿＿＿＿
8. ＿＿＿＿＿
9. ＿＿＿＿＿
10. ＿＿＿＿＿
11. ＿＿＿＿＿

《10. 汽油供给系统的组成

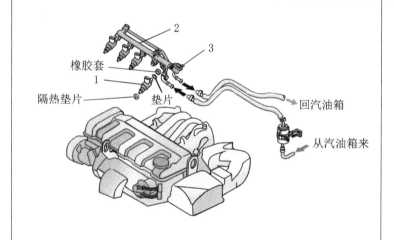

1. ＿＿＿＿＿
2. ＿＿＿＿＿
3. ＿＿＿＿＿

《11. 箱内式电动汽油泵的结构

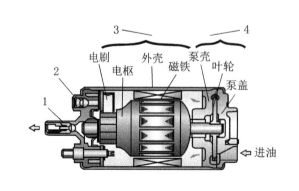

1. ＿＿＿＿＿
2. ＿＿＿＿＿
3. ＿＿＿＿＿
4. ＿＿＿＿＿

《 12.压力调节器的安装位置	
	1.　_____ 2.　_____ 3.　_____ 4.　_____ 5.　_____ 6.　_____

《 13.压力调节器的结构	
	1.　_____ 2.　_____ 3.　_____ 4.　_____ 5.　_____

《 14.喷油器的安装方法	
	1.　_____ 2.　_____ 3.　_____ 4.　_____

《 15.喷油器的结构	
	1.　_____ 2.　_____ 3.　_____ 4.　_____

« 16. 进气系统的作用流程

空气滤清器 → 1 → 进气连接管 → 2 → 进气总管 → 3 → 汽缸
                                        ↕
                                        4

1. _____
2. _____
3. _____
4. _____

« 17. MAF传感器的安装位置

空气滤清器出口管

1. _____
2. _____
3. _____

« 18. 翼板式空气流量计的结构

空气入口

汽油泵接点

汽油泵接点

7端子插座

1. _____
2. _____
3. _____
4. _____
5. _____
6. _____
7. _____

50

« 19. 热线式空气流量计的结构

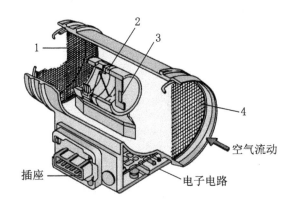

1. _____
2. _____
3. _____
4. _____

« 20. 超声波式卡门涡流空气流量计的结构及作用

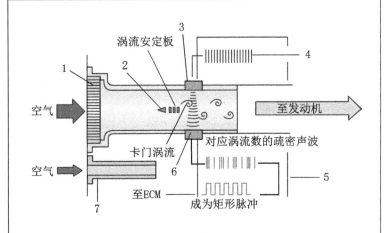

1. _____
2. _____
3. _____
4. _____
5. _____
6. _____
7. _____

« 21. 光学式卡门涡流空气流量传感器的结构及作用

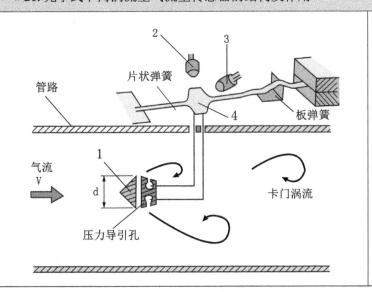

1. _____
2. _____
3. _____
4. _____

« 22. 歧管压力传感器的安装位置

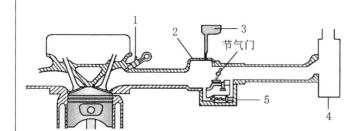

1. ＿＿＿＿＿
2. ＿＿＿＿＿
3. ＿＿＿＿＿
4. ＿＿＿＿＿
5. ＿＿＿＿＿

« 23. 电子控制系统组成

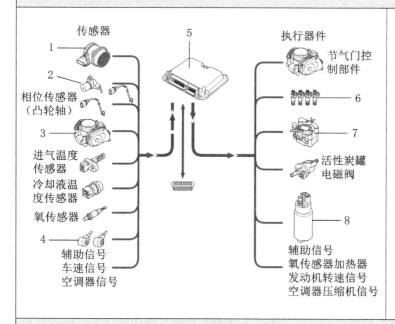

1. ＿＿＿＿＿
2. ＿＿＿＿＿
3. ＿＿＿＿＿
4. ＿＿＿＿＿
5. ＿＿＿＿＿
6. ＿＿＿＿＿
7. ＿＿＿＿＿
8. ＿＿＿＿＿

« 24. 电磁式曲轴位置传感器的结构

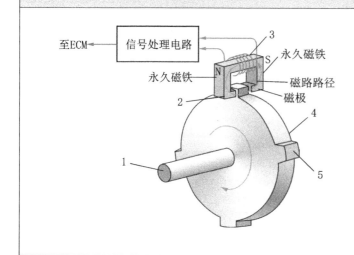

1. ＿＿＿＿＿
2. ＿＿＿＿＿
3. ＿＿＿＿＿
4. ＿＿＿＿＿
5. ＿＿＿＿＿

« 25. 光电式曲轴位置传感器的结构及作用

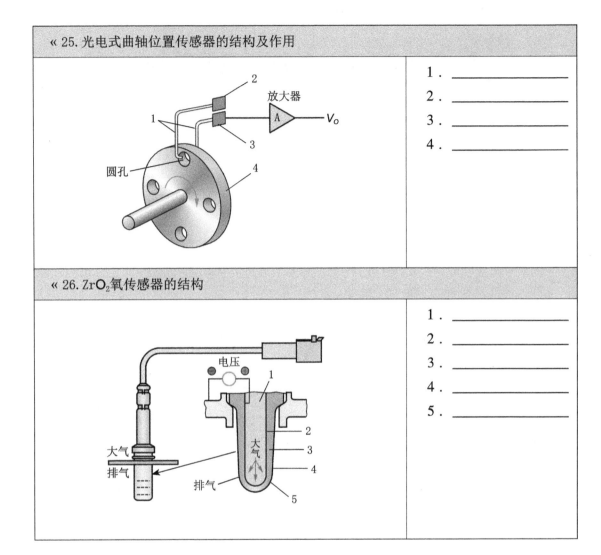

1. _____
2. _____
3. _____
4. _____

« 26. ZrO_2 氧传感器的结构

1. _____
2. _____
3. _____
4. _____
5. _____

单元6　柴油机燃料供给系统

一　判断题

1. 柴油的十六烷值越小，发火性越好，越容易自燃。（　）
2. 柴油馏出的温度越高，柴油的蒸发性越好。（　）
3. 柴油的馏出最高温度有规定，最低温度没有规定。（　）
4. 柴油闪点的数值越低越好。（　）
5. 喷油压力越高，油雾粒子越小。（　）
6. 喷油孔直径越大，喷出的油雾粒子越小。（　）
7. 在规定范围内，喷油压力越高，柴油喷得越远，但若超过一定限度后，穿透力反而会减小。（　）
8. 柴油的相对密度越大，喷得越近，但相对密度大的柴油，油粒粗，燃烧不良。（　）
9. 喷油孔直径越大，油粒越粗，穿透力越小。（　）
10. 在寒冷地区能使用流动点低的柴油。（　）
11. 柴油的挥发性高，表示其蒸馏温度低。（　）
12. 针型喷油嘴是闭式喷油嘴的一种。（　）
13. 双弹簧式喷油嘴初期喷油量少，使爆震减小。（　）
14. 喷油嘴喷射开始压力仅能以垫片调整。（　）
15. 真空式调速器是怠高速调速器。（　）
16. 孔式喷油嘴多使用于直接喷射式发动机，针型喷油嘴使用于预燃室式、涡流室式及空气室式等复室式燃烧室的柴油发动机。（　）
17. 柴油机比汽油机的经济性好。（　）
18. 汽油机形成混合气在汽缸外已开始进行，而柴油机混合气形成是在汽缸内进行。（　）
19. 一般来说，柴油机采用的过量空气系数比汽油机大。（　）
20. 柴油机输油泵的作用是给喷油器提供高压柴油。（　）
21. 供油提前角过大会使柴油发动机的工作粗暴。（　）
22. 喷油泵中柱塞和柱塞套、出油阀和阀座都是精密偶件。（　）
23. 提高喷油器调压弹簧的预紧度可以减小喷油器的开启压力。（　）
24. 等量装置在任何情况下都起作用。（　）

25. 双臂式燃料供给装置可在车辆行驶中作为增大动力用。（　）
26. 电控制柴油喷射系统发动机可明显降低污染。（　）
27. 二次滤清器置于油箱与燃油泵之间。（　）

二、选择题

1. 国家标准规定轻柴油的十六烷值不小于_____。
　　（A）45　　　（B）55　　　（C）65　　　（D）75
2. 孔式喷油嘴的喷射开始压力为_____MPa。
　　（A）50～80　　（B）80～120　　（C）150～300　　（D）350～450
3. 针型喷油嘴的喷射开始压力为_____MPa。
　　（A）50～80　　（B）80～120　　（C）150～300　　（D）350～450
4. 真空式调速器双臂式熄火杆，除做熄火外，另一方向的作用是_____。
　　（A）起动用　　（B）急速用　　（C）全负荷用　　（D）高速用
5. 柴油机混合气形成是在_____内完成的。
　　（A）进气管　　（B）燃烧室　　（C）化油器　　（D）喷油器
6. 下列零件不属于柴油机燃料供给系的低压回路的是_____。
　　（A）输油泵　　（B）滤清器　　（C）溢油阀　　（D）出油阀
7. 下面各项中，_____是不可调节的。
　　（A）喷油压力　　　　　（B）汽缸压力
　　（C）输油泵供油压力　　（D）调速器额定弹簧预紧力
8. VE型转子泵每工作行程的供油量大小取决于_____。
　　（A）喷油泵转速　　（B）凸轮盘凸轮升程
　　（C）溢流环位置　　（D）调速弹簧张力

三、填空题

1. 柴油必须具有_____，用来润滑柴油喷射系统的机件。
2. 轻柴油应具有良好的_____、_____、_____、_____、_____和_____等诸多的使用性能。
3. 发火性指柴油的自燃能力，用_____评定。
4. 蒸发性指_____，用柴油馏出某一百分比的温度范围即_____和_____表示。
5. 柴油的闪点指在一定的试验条件下，当柴油蒸汽与周围空气形成的混合气接近火焰时，开始出现_____。闪点越低，_____越好。

6. 低温流动性用柴油的_____和_____评定。

7. 凝点是指柴油___。冷滤点是指在特定的试验条件下，在1min内柴油开始不能流过过滤器20mL时的_____。一般柴油的冷滤点比其凝点_____。

8. 黏度是评定柴油_____的一项指标，与柴油的_____有关。

9. 黏度随温度而变化，当温度升高时，黏度_____，流动性_____；反之，当温度降低时，黏度_____，流动性_____。

10. 柴油机燃油供给系包括_____、_____和_____等主要部件及_____、_____、_____、_____、_____和高、低压油管等辅助装置。

11. 影响油雾粒子大小的因素有_____和_____。

12. 喷油压力越高，油雾粒子_____；喷油孔直径越小，喷出的油雾粒子_____。

13. 影响油粒穿透力的因素有_____、_____和_____。

14. 在规定范围内，喷油压力越高，油粒穿透力_____；柴油相对密度越大油粒穿透力_____；喷油孔直径越大，油粒穿透力_____。

15. 使同一汽缸增大其动力输出量的方法，通常是提高_____或提高_____。提高_____为改善发动机性能常用的方法。

16. 离心力调速器是利用_____进行调速作用，又称机械式调速器。

17. 复合式调速器是由_____及_____共同控制的调速器。

18. 怠高速调速器只控制发动机_____及_____转速。

19. 等速调速器能随发动机负荷的变化自动控制_____，以维持发动机_____。

20. 真空调速器包括两个主要部分，一为_____，一为_____。

21. 燃油泵的作用是将柴油_____，为克服滤清器滤件与油管中的流动阻力，需有_____以上的压力。

22. 柴油发动机常使用_____和_____两个滤清器，此外还在喷油嘴的进油管中安装_____，以吸住铁粉，保护喷头。

23. 柴油的过滤路径为油箱→_____→_____→_____→_____→_____→喷油。

24. 调整喷油嘴架弹簧张力可以改变_____，依其调整方法分为_____与_____两种。

25. 电脑控制柴油喷射系统的种类有_____、_____、_____、_____、_____及共管式。

26. 线列式喷油泵可分为_____、_____、_____、_____和预冲程电子控制式与电子调速器式等种类。

27. 共轨式可分为_____和_____两种。

四 简答题

1. 轻柴油的使用性能有哪些？
2. 简述柴油机燃油供给系组成及功用。
3. 简述喷油嘴的功用及类型。
4. 何谓闭式喷油嘴？
5. 简述孔式喷油嘴的结构及特点。
6. 简述针型喷油嘴的结构及特点。
7. 简述节流型喷油嘴的结构及特点？
8. 简述双弹簧式喷油嘴结构及特点。
9. 简述喷油嘴架的结构及形式。
10. 简述喷油泵的基本工作原理。
11. 简述调速器的功用及种类。
12. 简述真空调速器的工作原理及特点。
13. 简述全速调速器的作用。
14. 简述怠速弹簧的作用。
15. 为什么要设计等量装置？
16. 简述柴油滤清器的安装位置。
17. 简述柴油滤清器的结构及形式。
18. 简述电脑控制柴油喷射系统的优点。
19. 简述电子控制PE型线列式喷油泵柴油喷射系统的组成。
20. 简述柴油机燃料供给系燃油的供给路线。

五 看图填空

《1. 柴油机燃油供给系的组成

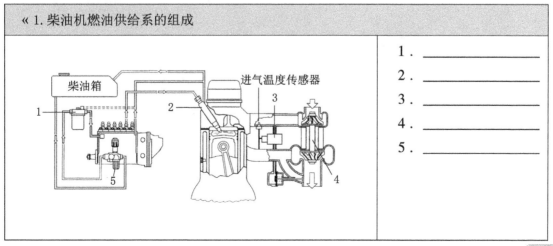

1. ＿＿＿＿＿＿
2. ＿＿＿＿＿＿
3. ＿＿＿＿＿＿
4. ＿＿＿＿＿＿
5. ＿＿＿＿＿＿

《 2.凸缘固定式喷油器	
（图示）	1．_____ 2．_____ 3．_____ 4．_____ 5．_____

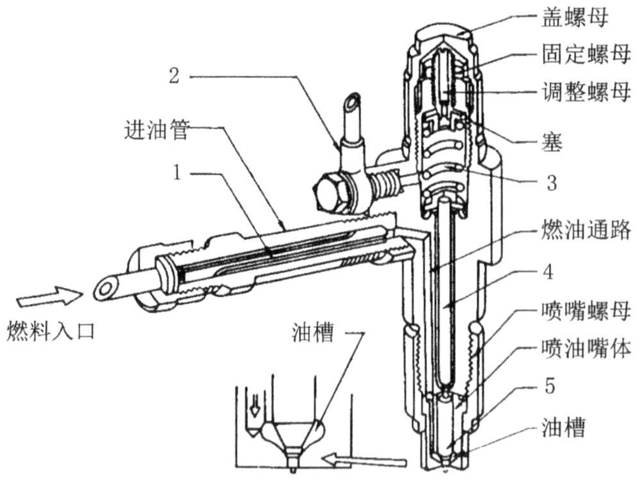

《 3.螺纹锁入式喷油器	
（图示）	1．_____ 2．_____ 3．_____ 4．_____ 5．_____

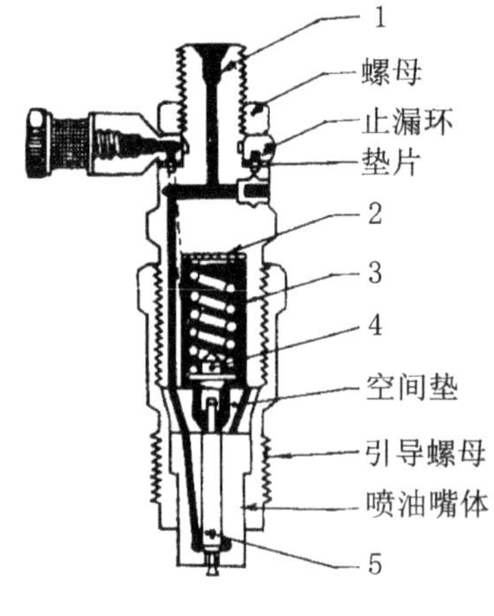

《 4.孔式喷油嘴的结构	
（图示）	1．_____ 2．_____ 3．_____ 4．_____ 5．_____ 6．_____

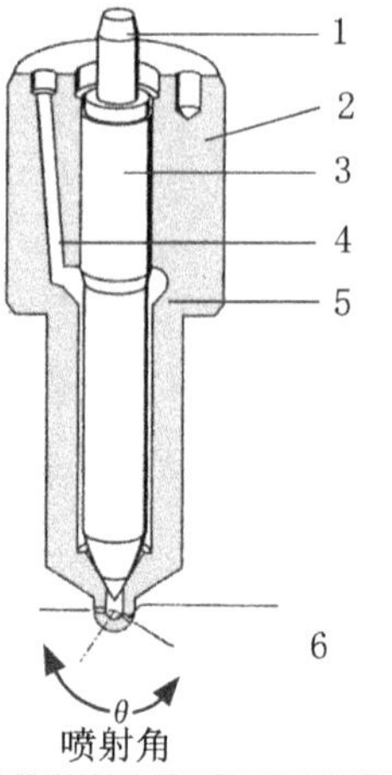

« 5.长杆孔型与标准孔型的比较

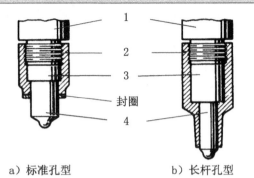

a) 标准孔型　　　　b) 长杆孔型

1. _____
2. _____
3. _____
4. _____

« 6.针型喷油嘴的结构

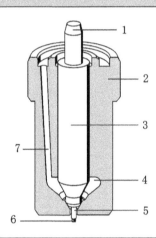

1. _____
2. _____
3. _____
4. _____
5. _____
6. _____
7. _____

« 7.双弹簧式喷油嘴的结构

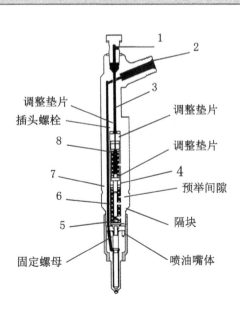

1. _____
2. _____
3. _____
4. _____
5. _____
6. _____
7. _____
8. _____

« 8.双弹簧式喷油嘴的作用

a) 针阀关闭　　b) 预举行程　　c) 最大上升量

1. _____
2. _____
3. _____
4. _____
5. _____

« 9.喷油嘴架内部的结构

喷射管固定螺母
进油道
固定套
垫块

1. _____
2. _____
3. _____
4. _____
5. _____
6. _____
7. _____
8. _____

« 10.真空调速器的作用原理

真空　齿杆

1. _____
2. _____
3. _____
4. _____

« 11.膜片组的结构

大气侧　真空侧
黑烟防止螺栓
（全负荷限制螺栓）

1. _____
2. _____
3. _____
4. _____
5. _____
6. _____

« 12. 装有怠速辅助弹簧及凸轮的膜片组

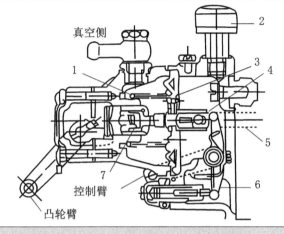

1. ＿＿＿＿＿
2. ＿＿＿＿＿
3. ＿＿＿＿＿
4. ＿＿＿＿＿
5. ＿＿＿＿＿
6. ＿＿＿＿＿
7. ＿＿＿＿＿

« 13. 双臂式燃料供给装置

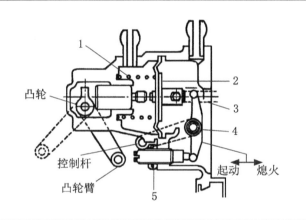

1. ＿＿＿＿＿
2. ＿＿＿＿＿
3. ＿＿＿＿＿
4. ＿＿＿＿＿
5. ＿＿＿＿＿

« 14. 串联式柴油滤清器的组成

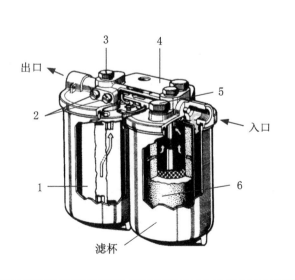

1. ＿＿＿＿＿
2. ＿＿＿＿＿
3. ＿＿＿＿＿
4. ＿＿＿＿＿
5. ＿＿＿＿＿
6. ＿＿＿＿＿

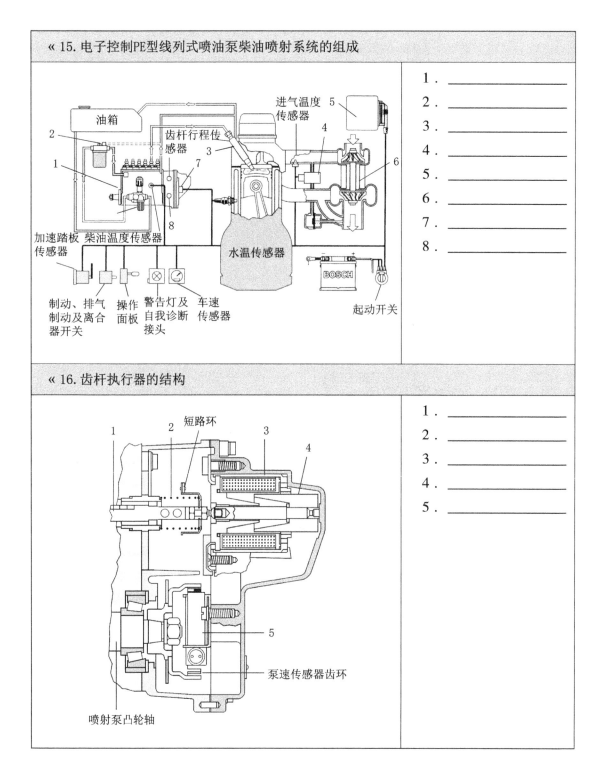

单元7 润滑系统

一、判断题

1. 目前的机油容器上，都会标示SAE与API两种规格中的一种。（　）
2. 发动机机油应具备适当的黏度，且温度变化时黏度的变化率越大越好。（　）
3. 黏度指数越高，机油黏度因温度的变化越小。（　）
4. 一般车辆每行驶5000km需更换一次机油。（　）
5. API服务分类，是用来表示发动机机油黏度的方法。（　）
6. 机油的黏度以SAE的编号来表示，号码越大，表示机油的黏度越大。（　）
7. 二冲程汽油发动机的油底壳内无机油，采用分离润滑方式。（　）
8. 摆动式机油泵内转子是由曲轴直接驱动，且其内、外转子的齿数比转子式机油泵多。（　）
9. 当滤芯堵塞时，润滑系油道将会没有润滑油。（　）
10. 油底壳内机油量，应保持在机油尺的上限与下限之间。（　）
11. 通常添加机油时，均加至机油尺的下限。（　）
12. 当润滑系机油压力低时，机油压力警告灯应点亮。（　）
13. 油底壳处的机油滤网是做粗滤用，而机油滤清器是做细滤用。（　）
14. 任何一种型式的机油泵内，都一定设有释放阀。（　）
15. SAE的号码越大，表示黏度越小。（　）
16. 单级机油的特性，已不适用现代汽油发动机。（　）
17. 复级机油又称四季通用机油。（　）
18. SAE表示美国石油协会，API表示美国汽车工程学会。（　）
19. 润滑油路中的油压越高越好。（　）
20. 现代发动机采用正时皮带的，机油也送至该处喷出进行润滑。（　）
21. 加注润滑油时，加入量越多，越有利于发动机的润滑。（　）
22. 过滤式机油滤清器的滤芯可反复多次使用。（　）
23. 润滑系统的功用主要是减少零件的摩擦与磨损。（　）
24. 发动机的润滑方式有压力润滑、飞溅润滑、定期润滑三种。（　）
25. 限压阀的主要功用是控制机油压力。（　）
26. 集滤器装在机油泵之前，防止粒度较小的杂质进入机油泵。（　）
27. 主轴承及连杆轴承间隙过大，则机油压力会增高。（　）

28. 若排气管冒蓝烟，机油注入口不冒烟，说明气门油封损坏。（ ）
29. 在一些热负荷较大的发动机上，除利用油底壳对发动机润滑油散热外，还专门设有机油散热器。（ ）
30. 滤清器堵塞会导致机油压力升高。（ ）
31. 润滑系中转子式机油泵的内、外转子是同心的，不同向转动。（ ）
32. 转子式机油泵的外转子凸齿数比内转子的凹齿数少一个。（ ）
33. 润滑系的作用是润滑、清洁、冷却、密封和防蚀。（ ）

二 选择题

1. 下列哪个零件不是靠连杆大头喷出的机油润滑？
   （A）活塞　　（B）气门　　（C）汽缸壁　　（D）活塞环
2. 对二冲程汽油发动机润滑系统的叙述，哪项是错误的？
   （A）油底壳内无机油　　（B）小型机车发动机采用最多
   （C）采用分离润滑方式
   （D）所用机油的黏性与四冲程汽油发动机采用的相同。
3. 经释放阀调节后的机油压力为_____kPa。
   （A）50～150　　（B）200～400　　（C）500～1000　　（D）150～200
4. 对机油的叙述，哪项是错误的。
   （A）机油的服务分类是以SAE号码表示
   （B）温度变化时，机油黏度的变化率越少越好
   （C）SAE30为单级机油K
   （D）SAE 10W－40为复合机油
5. 适用现今汽油发动机的API服务分类为_____。
   （A）SG级　　（B）SH级　　（C）SJ级　　（D）SL级
6. 一般车辆每行驶_____km应更换一次机油。
   （A）1000　　（B）5000　　（C）10000　　（D）15000
7. 机油细滤器上设置低压限制阀的作用是_____。
   （A）机油泵出油压力高于一定值时，关闭通往细滤器油道
   （B）机油泵出油压力低于一定值时，关闭通往细滤器油道
   （C）使进入机油细滤器的机油保持较高压力
   （D）使进入机油细滤器的机油保持较低压力
8. 机油泵常用的形式有_____。
   （A）齿轮式与膜片式　　（B）转子式和活塞式

（C）转子式与齿轮式　（D）柱塞式与膜片式

9. 通常润滑系统的粗滤器上装有安全阀，当滤清器堵塞时，旁通阀打开_____。

（A）使机油不经滤芯，直接流回到油底壳　　（B）使机油直接进入细滤器

（C）使机油流回机油泵　　　　　　　　　　（D）使机油直接流入主油道

10. 由于主轴承及连杆轴承间隙量的增加，会发生下列哪一种情况？

（A）润滑油油压升高　　　（B）润滑油油压降低

（C）窜气减少　　　　　　（D）窜气增加

11. 下列哪个装置是用来直接控制来自机油泵的机油压力的？

（A）机油压力调节阀　（B）滤油网　（C）机油泵　（D）油底壳

12. 在发动机的润滑油路中_____滤清器与主油道串联，其上设有_____阀。若滤芯堵塞后，机油便经_____直接进入主油道。

（A）粗、旁通、旁通阀　　　（B）细、限压、细滤器

（C）粗、限压、粗滤器　　　（D）细、旁通、旁通阀

13. 与主油道串联的滤清器，主油道的机油全部流经它，称为_____。

（A）过滤式滤清器　　（B）分流式滤清器

（C）全流式滤清器　　（D）以上结果都是

14. 对负荷大，相对运动速度高（如：主轴承、连杆轴承、凸轮轴轴承等）的零件，采用_____润滑。

（A）压力　（B）飞溅　（C）压力和飞溅　（D）定期润滑

15. 下列_____的作用是限制润滑系内的最高油压，防止因压力过高而造成过分润滑及密封垫圈发生泄漏。

（A）旁通阀　（B）限压阀　（C）安全阀　（D）节流阀

16. 发动机润滑系中，_____是存储润滑油的容器。

（A）机油泵　（B）集滤器　（C）油底壳　（D）滤清器

三　填空题

1. 润滑系统的功能有_____、_____、_____、_____、_____及_____等功能。

2. 润滑系统的润滑方式有_____、_____及_____三种形式。

3. 润滑系统由_____、_____、_____、_____、_____和_____等组成。

4. 发动机机油黏度越高，阻力_____，黏度越低，阻力_____。黏度会

随温度而变化，温度升高时，黏度_____；温度降低时，黏度_____。

5. 二冲程汽油发动机采用_____润滑方式。

6. 机油泵有_____、_____、_____三种。

7. 齿轮式机油泵由_____、_____、_____、_____及_____等组成。

8. 释放阀也称为_____，将机油泵的输出油压调节到_____。

9. 转子式机油泵由_____、_____、_____、_____、_____等组成。

10. 一般车辆每行驶_____km应更换一次机油。

11. 摆动式机油泵由_____、_____、_____、_____及_____等组成。

12. 机油滤清器是由_____、_____、_____及_____等组成。

13. 油底壳内机油量应保持在机油尺的_____；通常添加机油时，均加至机油尺的_____。

14. 机油压力警告灯在点火开关位于ON位置时，警告灯应_____；发动机发动后警告灯应_____。

15. 现代汽车发动机润滑系统多采用_____和_____相结合的复合润滑方式。

四 简答题

1. 简述润滑系统的功能及润滑方式。
2. 简述润滑系统组成零件及各自的作用。
3. 简述机油黏度的分类方法。
4. 简述机油API服务分类的方法。
5. 简述机油API服务分类的适用范围。
6. 简述压力式润滑系统机油循环方式。
7. 简述转子式机油泵的结构及工作过程。
8. 机油滤清器内设旁通阀有何用途？
9. 简述机油滤清器的组成及功用。
10. 试述释放阀的功用。
11. 如何检查发动机内的机油量？油量过多或过少对发动机有何危害？

五 看图填空

《1. 压力式润滑系统

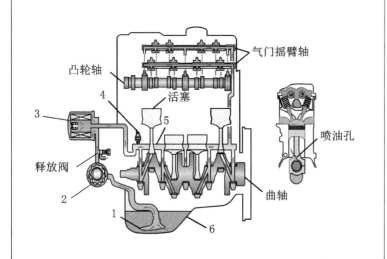

1. ＿＿＿＿＿
2. ＿＿＿＿＿
3. ＿＿＿＿＿
4. ＿＿＿＿＿
5. ＿＿＿＿＿
6. ＿＿＿＿＿

《2. 齿轮式机油泵的结构及作用

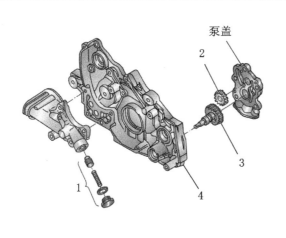

1. ＿＿＿＿＿
2. ＿＿＿＿＿
3. ＿＿＿＿＿
4. ＿＿＿＿＿

《3. 旧型转子式机油泵的结构

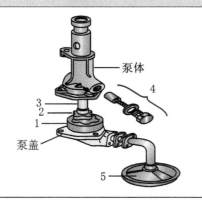

1. ＿＿＿＿＿
2. ＿＿＿＿＿
3. ＿＿＿＿＿
4. ＿＿＿＿＿
5. ＿＿＿＿＿

« 4. 新型转子式机油泵的结构

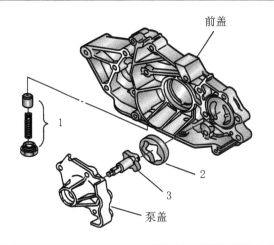

1. ＿＿＿＿＿＿＿
2. ＿＿＿＿＿＿＿
3. ＿＿＿＿＿＿＿

« 5. 摆动式机油泵的结构

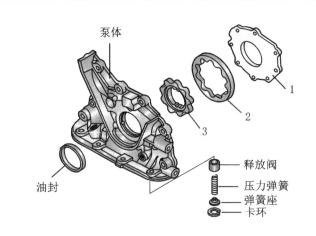

1. ＿＿＿＿＿＿＿
2. ＿＿＿＿＿＿＿
3. ＿＿＿＿＿＿＿

« 6. 机油滤清器的结构及作用

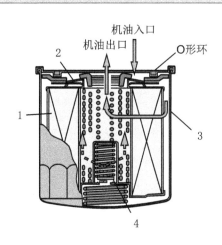

1. ＿＿＿＿＿＿＿
2. ＿＿＿＿＿＿＿
3. ＿＿＿＿＿＿＿
4. ＿＿＿＿＿＿＿

单元8　冷却系统

一　判断题

1. 发动机必须保持在80～90℃的工作温度。（　）
2. 冷却不良会导致发动机过热，各部机件过度膨胀而加速磨损，甚至咬死；过度冷却时，会造成燃油消耗及发动机功率输出降低。（　）
3. 水温低时，节温器关闭；水温高时，节温器才打开。（　）
4. 乙二醇的密度小于水，比热及导热度均不如水。（　）
5. 防冻液中乙二醇的含量越高越好。（　）
6. 水泵皮带轮的转速比曲轴的转速慢。（　）
7. 冷却风扇装在水箱前面。（　）
8. 离合器式风扇，当发动机温度低时，风扇转速较慢；发动机温度高时，风扇转速变快。（　）
9. V形皮带比齿型皮带传动效率高，噪声低。（　）
10. 水箱一般常用钢材制成。（　）
11. 当水箱内部压力大于规定值时，压力阀打开，水箱内的压力低于大气压力时，真空阀打开。（　）
12. 水冷式冷却系统的发动机，一般均采用压力式。（　）
13. 电动风扇在发动机冷时不转动。（　）
14. 任何风扇转动时，均是将空气吹向水箱。（　）
15. 现代发动机均使用V形皮带传动机件。（　）
16. 装用压力式水箱盖是为提高冷却水的沸点。（　）
17. 发动机在使用中，冷却水的温度越低越好。（　）
18. 压力式水箱盖的压力阀可防止水箱因压力过高而破裂。（　）
19. 节温器上的排气孔，可让水箱内的空气排出。（　）
20. 任何水都可以直接作为冷却水加注。（　）
21. 在水中加入防冻剂，可使冷却液的冰点降低。（　）
22. 采用具有真空—压力阀的散热器盖后，冷却水的工作温度可以提高至100℃以上而不"开锅"。（　）
23. 储液箱的功用是储存冷却液。（　）
24. 水泵的功用是对冷却水加压，使冷却水在冷却系内循环流动。（　）

25. 节温器的功用是控制冷却风扇的工作。（　）

26. 风扇离合器可调节冷却强度。（　）

27. 散热器的功用是帮助冷却水散热。（　）

28. 风扇皮带松会导致发动机过热。（　）

29. 冷却系的作用是将水温降到最低，避免机件受热膨胀变形。（　）

30. 蜡式节温器失效后，发动机易出现过热现象。（　）

31. 硅油风扇离合器，具有降低噪声和减少发动机功率损失的作用。（　）

32. 根据所用冷却介质不同，发动机冷却系可分为水冷式和风冷式两种类型。（　）

33. 冷却系工作中冷却液温度高时实现小循环，温度低时实现大循环。（　）

34. 电动风扇是由温控开关控制，因此，当冷却液温度很高时，即使发动机熄火，风扇仍可能转动。（　）

35. 硅油风扇离合器是利用硅油的黏性工作的。冷却液温度高是风扇离合器处于结合状态，风扇转速升高。（　）

二、选择题

1. 水冷式冷却系统中，能使发动机温度迅速升高的零件是_____。
    （A）水箱　　　（B）水套　　　（C）节温器　　　（D）水泵
2. 直接驱动式风扇的缺点为_____。
    （A）发动机冷时不转动　　（B）噪声大、耗油
    （C）耗电　　　　　　　（D）发动机热时不转动
3. 风扇离合器式的离合器内部为_____。
    （A）机油　　　（B）液压油　　　（C）硅油　　　（D）齿轮油
4. 对电动风扇的叙述，哪项是错误的？
    （A）必须消耗动力　　（B）发动机温度低时风扇不转
    （C）电路设有继电器　　（D）必须消耗电能
5. 可让水箱经常保持在正常水位的是_____。
    （A）水箱盖　　　（B）节温器　　　（C）溢流管　　　（D）储液箱
6. 下列哪种风扇的转数与发动机转数无关？
    （A）直动式风扇　　　（B）电动风扇
    （C）离合器式风扇　　　（D）以上都是
7. 压力式水箱盖可使冷却水的沸点提高到_____。
    （A）100～110℃　　　（B）110～125℃
    （C）125～135℃　　　（D）135～145℃

8. 使冷却水在散热器和水套之间进行循环的水泵旋转部件叫做_____。
   （A）叶轮　　（B）风扇　　（C）壳体　　（D）水封

9. 节温器中使阀门开闭的部件是_____。
   （A）阀座　　（B）石蜡感应体　　（C）支架　　（D）弹簧

10. 冷却系统中提高冷却液沸点的装置是_____。
    （A）水箱盖　　（B）散热器　　（C）水套　　（D）水泵

11. 采用自动补偿封闭式散热器结构的目的，是为了_____。
    （A）降低冷却液损耗　　（B）提高冷却液沸点
    （C）防止冷却液温度过高，蒸汽从蒸汽引入管喷出伤人　　（D）加强散热

12. 发动机冷却系统中锈蚀物和水垢积存的后果是_____。
    （A）发动机温升慢　　（B）热容量减少
    （C）发动机过热　　（D）发动机怠速不稳

13. 在发动机上拆除原有的节温器，则发动机工作时冷却水_____。
    （A）只进行大循环　　（B）只进行小循环
    （C）大、小循环都存在　　（D）水道被堵塞

14. 水冷却系中，冷却水的大小循环路线由_____控制。
    （A）风扇　　（B）百叶窗　　（C）节温器　　（D）分水管

15. 散热器盖的压力阀弹簧过软，会使_____。
    （A）散热器内气压过低　　（B）散热器芯管容易被压坏
    （C）散热器内气压过高　　（D）冷却水不易沸腾

16. 关于节温器，下列哪种说法是正确的？
    （A）任何时候都是打开的　　（B）任何时候都是关闭的
    （C）随温度的增加，打开的程度越来越大
    （D）打开以使冷却液流向变速器

17. 水泵往往由_____驱动。
    （A）起动机驱动的传动带　　（B）机油泵驱动的传动带
    （C）曲轴驱动的传动带　　（D）用电动机直接驱动

18. 当节温器打不开后，下列说法正确的是_____。
    （A）冷却系只有小循环　　（B）冷却系只有大循环
    （C）冷却系既有大循环又有小循环　　（D）电控风扇停转

19. 下列_____不是冷却系统的作用。
    （A）保持发动机温度尽可能低　　（B）从发动机带走多余的热量
    （C）使温度尽快达到工作范围
    （D）使发动机在最好的工作温度、最高效地工作

20. 水泵可被认为是_____泵。

（A）容积式　　（B）离心式　　（C）偏心式　　（D）上述所有

21. 当发动机足够热时，汽车节温器_____。
    （A）关闭　　（B）打开　　（C）堵塞散热器　　（D）控制风扇转

22. 下列_____散热器用于前部较低的车辆？
    （A）竖流式　　（B）横流式　　（C）离心式　　（D）以上所有各项

23. 下列_____不是散热器的一部分？
    （A）上水室　　（B）下水室　　（C）散热芯　　（D）水泵

24. 当冷却系统使用储液箱时，_____。
    （A）从压力盖溢出的冷却液进入储液箱
    （B）当发动机冷却时，冷却液被吸回散热器
    （C）可向储液箱添加冷却液
    （D）上述所有

25. 冷却系中_____的作用是将水套出来的热水自上而下或横向的分成许多小股并将其热量散给周围的空气。
    （A）水泵　　（B）散热器　　（C）风扇离合器　　（D）水套

26. 蜡式双阀节温器在水温高于86℃时，____开，冷却水进行____循环。
    （A）主阀门、小　　（B）主阀门、大
    （C）旁通阀、小　　（D）旁通阀、大

27. 为了降低风扇功率消耗，减少噪声和磨损，防止发动机过冷，降低污染，节约燃料，多采用_____。
    （A）风扇离合器　　（B）散热器　　（C）节温器　　（D）传感器

28. 冷却水经水泵→水套→_____→散热器，又经水泵压入水套的循环，其水流路线长，散热强度大，称水冷却系的大循环。
    （A）节温器　　（B）风扇离合器　　（C）风扇　　（D）水温开关

29. 硅油风扇离合器转速的变化是依据_____。
    （A）冷却水温度　　　　　（B）发动机机油温度
    （C）散热器后面的气流温度　　（D）继电器控制

30. 冷却水经水泵→水套→节温器后不经_____，而直接由水泵压入水套的循环，其水流路线短，散热强度小，称水冷却系的小循环。
    （A）风扇离合器　　（B）节温器　　（C）散热器　　（D）水温开关

三 填空题

1. 发动机冷却方式一般有_____和_____两种。
2. 为使冷发动机发动后，缩短发动机的暖车时间，在冷却水的循环路径上设有

_____。

3. 水温低时，节温器_____；水温高时，节温器_____。

4. 发动机必须保持在_____的工作温度。

5. 防冻剂既可降低冷却液的_____，又可提高冷却液的_____。汽车常用的防冻剂为_____，其特点是_____、_____、_____、_____且易溶于水。

6. 为使防冻冷却液能全年使用，再添加防锈剂及防腐蚀剂等，称为_____。

7. 水泵由_____、_____、_____、_____、_____及皮带轮等组成。

8. 水泵皮带轮由正时皮带驱动，其转速约为曲轴转速的_____。

9. 风扇装在_____，将空气吸经水箱，吹向发动机体。

10. 风扇分为_____和_____两种。

11. 直接驱动式风扇直接固定在水泵上，由发动机曲轴经皮带直接传动，风扇转速与发动机转速_____。

12. 电动风扇由_____、_____及_____等组成。

13. 带离合器式风扇，发动机温度低时，风扇转速_____；发动机温度高时，风扇转速_____。

14. 皮带传动的要求为_____、_____及_____。皮带分成_____与_____两种。

15. 水箱是由_____、_____、_____、_____、_____及放水塞等组成，水箱依水流方向可分_____和_____。

16. 压力式水箱盖由_____、_____、_____等组成。

17. 水泵的作用是对冷却水_____，使之在冷却系中循环流动。

18. 节温器是通过改变冷却水的_____和_____来调节冷却强度的。目前汽车上多采用_____节温器。

19. 冷却水的流向与流量主要由_____来控制。

20. 水冷系冷却强度主要可通过_____、_____、_____等装置来调节。

四 简答题

1. 对于水冷式冷却系统，如何缩短发动机的暖车时间？
2. 简述直接驱动式风扇的缺点。
3. 简述风扇离合器的作用。
4. 简述电动风扇的优点。

5. 横流式水箱有何优点？
6. 简述压力式水箱盖的作用。
7. 水箱附储液箱有何优点？
8. 简述蜡式节温器的结构及工作过程。
9. 压力式水箱盖的压力阀和真空阀有何用处？
10. 何谓长效冷却液？
11. 简述冷却液在冷却系中的循环路径。
12. 简述水温开关的作用。

五　看图填空

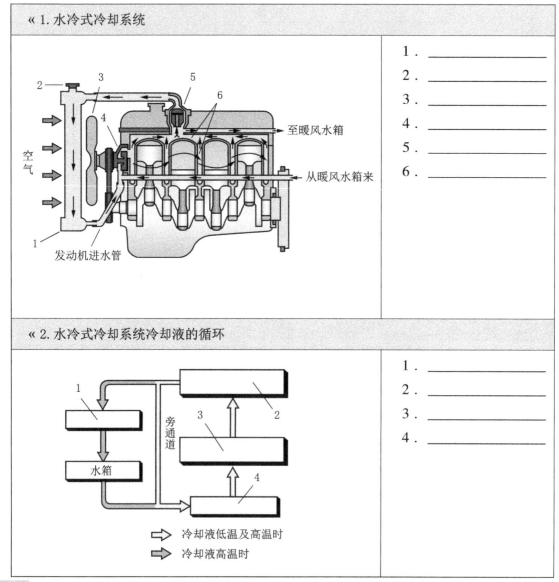

《1. 水冷式冷却系统

1. _____
2. _____
3. _____
4. _____
5. _____
6. _____

《2. 水冷式冷却系统冷却液的循环

1. _____
2. _____
3. _____
4. _____

« 3. 水泵的结构

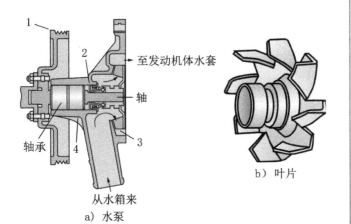

a) 水泵 b) 叶片

1. _____
2. _____
3. _____
4. _____

« 4. 直接驱动式风扇的组成

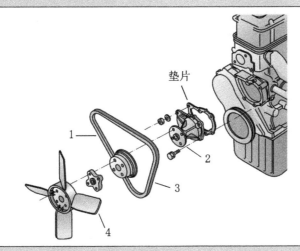

1. _____
2. _____
3. _____
4. _____

« 5. 风扇离合器式风扇的组成

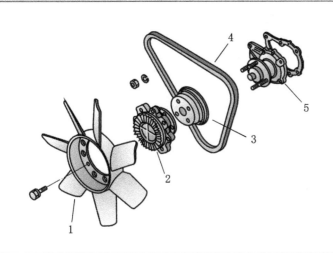

1. _____
2. _____
3. _____
4. _____
5. _____

« 6. 电动风扇的组成

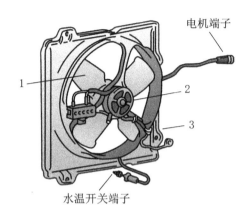

1. ＿＿＿＿＿
2. ＿＿＿＿＿
3. ＿＿＿＿＿

« 7. 水箱的结构

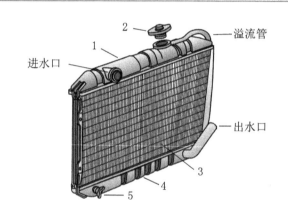

1. ＿＿＿＿＿
2. ＿＿＿＿＿
3. ＿＿＿＿＿
4. ＿＿＿＿＿
5. ＿＿＿＿＿

« 8. 附储液箱的水箱

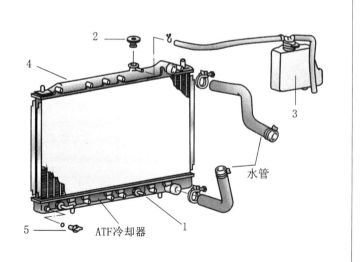

1. ＿＿＿＿＿
2. ＿＿＿＿＿
3. ＿＿＿＿＿
4. ＿＿＿＿＿
5. ＿＿＿＿＿

« 9. 蜡式节温器结构

排气孔

1. _____
2. _____
3. _____
4. _____
5. _____

« 10. 阀关闭时节温器的作用

蜡　合成橡胶

1. _____
2. _____
3. _____
4. _____

« 11. 阀打开时节温器的作用

合成橡胶　蜡

1. _____
2. _____
3. _____
4. _____

77

单元9　发动机电气设备

一、判断题

1. 正极整流二极管为红色标记，负极整流二极管则以黑色标记。（　）
2. 高压线必须能耐30000V以上的高压电，不发生漏电情形。（　）
3. 蓄电池正、负极板间为隔板，隔板平滑面朝向正极板。（　）
4. 正极桩头较细，有"＋"记号；负极桩头较粗，有"－"记号。（　）
5. MF蓄电池在使用期间不需要维护。（　）
6. 当蓄电池液面及充电正常时，从视窗中在黑色区可看到黑色圆圈。（　）
7. 当蓄电池液面正常，但充电不足时，从视窗中看到绿色圆圈。（　）
8. 当蓄电池液面过低时，视窗中看到的是透明色。（　）
9. 电解液高度必须保持在最高液面线与最低液面线之间。高度不足时，应添加电解液。（　）
10. MF蓄电池顶盖上的充电指示器，可用来判断蓄电池是否充满电及电解液面高度是否正常。（　）
11. 现代汽油发动机的充电系统，均采用IC调整器，装在交流发电机上。（　）
12. 充电系统就是将发动机小部分机械能转变为电能的装置。发电机通常都是由曲轴皮带轮用皮带传动。（　）
13. 调整器是用来控制磁场线圈电流的大小，以控制发电机输出电流的装置。（　）
14. 定子线圈的连接方法有Y形连接及△形连接两种。（　）
15. 一般发动机怠速时的点火提前角为10°～15°。（　）
16. 点火线圈二次线圈绕组较粗，一次线圈绕组较细。（　）
17. 霍尔效应曲轴位置传感器圆盘上有凹槽及遮片与汽缸数相同。（　）
18. 一般点火系统火花塞间隙为0.7～0.8 mm，电子点火系统火花塞间隙为1.0～1.5 mm。（　）
19. 霍尔传感器当遮片离开空气间隙的瞬间，不产生霍尔电压。（　）
20. 通过蓄电池的充电指示器，可判断蓄电池是否需要更换。（　）
21. 电解液不足时应添加蒸馏水。（　）
22. 起动继电器是以小电流以控制大电流进入电机本体。（　）
23. 起动发动机时，进入点火线圈的电流先经过外电阻。（　）

24. 交流发电机的磁场线圈装在转子内。   (   )

二、选择题

1. 下列对加水通气盖的说法，错误的是_____。
   （A）加水通气盖可供添加蒸馏水用
   （B）加水通气盖可供检验电解液用
   （C）加水通气盖可防止蓄电池在充电时发生爆炸
   （D）所有蓄电池都有加水通气孔盖

2. 每组定子线圈的数量_____转子磁极数。
   （A）大于   （B）小于   （C）等于   （D）不一定

3. 调整器就是用来控制_____来控制发电机输出电压。
   （A）磁场线圈电流的大小   （B）磁场线圈电压的大小
   （C）控制线圈电阻的大小   （D）控制定子电流的大小

4. 下列关于点火系统功能的说法，错误的是_____。
   （A）产生高压电   （B）分配高压电
   （C）控制点火时间   （D）控制火花塞间隙

5. 下列关于IC调整器的说法，错误的是_____。
   （A）重量轻且体积小，可装在发电机上
   （B）无活动的机械零件，故抗震性及耐久性好
   （C）输出电压的变化范围大
   （D）温度上升时输出电压变低，能符合蓄电池较适当的充电需求

6. 一般发动机怠速时点火提前角为_____。
   （A）0°~5°   （B）5°~15°   （C）10°~20°   （D）15°~20°

7. 通常曲轴位置在_____位置时，发动机可以得到最大动力。
   （A）上止点后10°左右   （B）下止点前10°左右
   （C）上止点后15°左右   （D）下止点前15°左右

8. 当蓄电池液面及充电正常时，在充电指示器的中央可看到_____。
   （A）绿色   （B）黑色   （C）透明色   （D）灰色

9. 下列对蓄电池的叙述，哪项是正确的？
   （A）正极桩头较细   （B）电解液相对密度约为1.220
   （C）电解液高度无上限限制   （D）MF为免保养蓄电池

10. 切断点火系统低压电路电流的是_____。
    （A）点火线圈   （B）白金触点   （C）外电阻   （D）电容器

11. 电子点火系统的火花塞间隙通常为_____。

（A）0.5～0.6 mm　　　（B）0.7～0.8 mm

（C）1.0～1.5 mm　　　（D）1.6～1.8 mm

12. 装在分电器内的霍尔效应曲轴位置传感器,以下哪种零件与产生霍尔电压无关?

（A）永久磁铁　（B）有遮片、凹槽的圆盘　（C）分火头　（D）霍尔IC

三　填空题

1. 蓄电池由_____、_____、_____、_____、_____、_____、_____等所组成。

2. 蓄电池正极板是以铅格子板为骨架,表层是咖啡色微粒结晶状的_____;蓄电池负极板也是以铅格子板为骨架,表层是海绵状的_____。

3. 蓄电池的正、负极板间必须以隔板隔开,隔板平滑面朝向_____,有槽沟面朝向_____。

4. 蓄电池在接线时,绝不可接错桩头,正极桩头_____,有_____记号;负极桩头_____,有_____记号。

5. 加水通气盖的用途为供_____或_____;在充电时,使产生的氢及氧能逸出,以防聚积过多气体而发生_____。

6. MF蓄电池顶盖上设有充电指示器,由指示器所显示的颜色可以判断蓄电池_____及_____。

7. 当蓄电池液面及充电正常时,充电指示器显示_____;当蓄电池液面正常,但充电不足时,充电指示器显示_____;当蓄电池液面过低时,充电指示器显示_____。

8. 电解液高度必须保持在_____,高度不足时,应添加_____。

9. 电解液为稀硫酸,其相对密度为_____或_____。

10. 起动电机是由_____、_____及_____三大部分所组成。

11. 磁力线切割线圈,能在线圈中产生感应电压,这种现象称为_____。

12. 火花塞的功能是在燃烧室内产生_____并点燃可燃混合气。

13. 起动系统由_____、_____及_____所组成。

14. 充电系统是将发动机小部分_____转变为_____的装置;充电系统由_____、_____、_____及连接导线等组成。

15. 交流发电机由_____、_____、_____、电刷、前盖板、后盖板与风扇等组成。

16. 交流发电机定子线圈分为_____组,连接方法有_____和_____两种。

17. 交流发电机转子由_____、_____、_____及轴等所组成。

18. 三个正极整流二极管所在的板称为_____，三个负极整流二极管所在的板称为_____。

19. 一般发动机的点火时间在怠速时约为上止点前_____。

20. 调整器就是用来控制磁场线圈_____，以控制发电机_____的装置。

21. 点火系统主要功能有_____、_____及_____。

22. 白金触点式点火系统包括_____、_____、_____、_____、_____及_____。

23. 白金触点式点火系统的电路可分为_____和_____两部分。

24. 点火线圈的功用是利用线圈互感应原理，将电压由_____升高到足以跳过火花塞间隙的_____的高压电。

25. 分电器依功能可分为_____、_____、_____及_____等四大部分。

26. 分电器的点火提前装置包括_____和_____。

27. 高压线必须能耐_____以上的高压电，不发生漏电情形。

28. 分电器的配电部分为_____及_____。

29. 一般点火系统火花塞间隙约为_____，电子点火系统约为_____。

30. 断电器凸轮每转360°，各缸按点火顺序点火_____次。

31．从火花塞发出电火花开始到活塞移到上止点之间的曲轴转角，称为_____。

四 简答题

1. 简述蓄电池的功用。

2. 简述点火开关五个位置的功能。

3. 起动电机是由哪三大部分所组成？

4. 简述起动电机大电流进入电机本体的作用。

5. 简述交流发电机定子绕组的连接方法及各自的特点。

6. 试述充电系统的功用。

7. 简述交流发电机调整器的功用。

8. 简述发电机采用IC调整器的优点。

9. 点火系统有哪三个主要功能？

10. 简述点火线圈的功用。

11. 简述分电器的功用。

12. 分电器的点火提前装置有哪两种？

13. 何谓霍尔效应？

五 看图填空

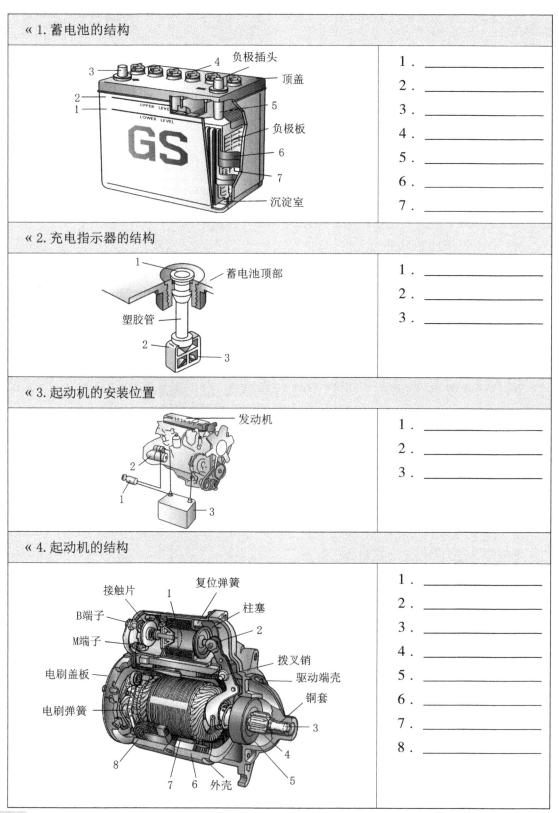

« 5. 起动系统的电路

1. ＿＿＿＿＿＿
2. ＿＿＿＿＿＿
3. ＿＿＿＿＿＿
4. ＿＿＿＿＿＿
5. ＿＿＿＿＿＿
6. ＿＿＿＿＿＿
7. ＿＿＿＿＿＿
8. ＿＿＿＿＿＿
9. ＿＿＿＿＿＿

« 6. 充电系统的组成

1. ＿＿＿＿＿＿
2. ＿＿＿＿＿＿
3. ＿＿＿＿＿＿
4. ＿＿＿＿＿＿

« 7. 定子的结构

1. ＿＿＿＿＿＿
2. ＿＿＿＿＿＿

« 8. 爪形转子的结构

1. ＿＿＿＿＿＿
2. ＿＿＿＿＿＿
3. ＿＿＿＿＿＿
4. ＿＿＿＿＿＿

« 9.前盖板的结构

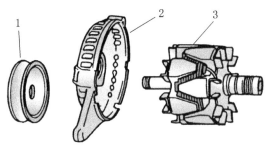

1. _____
2. _____
3. _____

« 10.后盖板的结构

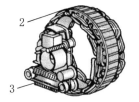

1. _____
2. _____
3. _____
4. _____

« 11.白金触点式点火系统的组成

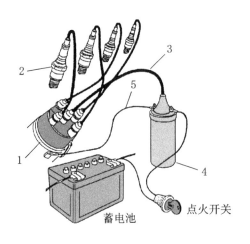

1. _____
2. _____
3. _____
4. _____
5. _____

« 12. 点火线圈的结构

中央插座
绝缘油
外壳

1. ＿＿＿＿＿＿
2. ＿＿＿＿＿＿
3. ＿＿＿＿＿＿
4. ＿＿＿＿＿＿
5. ＿＿＿＿＿＿

« 13. 分电器的结构

盖
分火头 } 2
1 { 凸轮
    白金触点
真空点火提前机构
离心力点火提前机构 } 3
外壳
轴
螺旋齿轮
机油泵驱动凸缘 } 4

1. ＿＿＿＿＿＿
2. ＿＿＿＿＿＿
3. ＿＿＿＿＿＿
4. ＿＿＿＿＿＿

« 14. 霍尔效应曲轴位置传感器的结构

圆盘

1. ＿＿＿＿＿＿
2. ＿＿＿＿＿＿
3. ＿＿＿＿＿＿
4. ＿＿＿＿＿＿
5. ＿＿＿＿＿＿

《15. 真空点火提前装置

1. _____
2. _____
3. _____
4. _____
5. _____
6. _____

《16. 火花塞的结构（一）

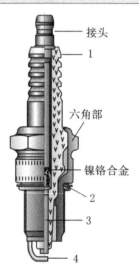

1. _____
2. _____
3. _____
4. _____

《17. 火花塞的结构（二）

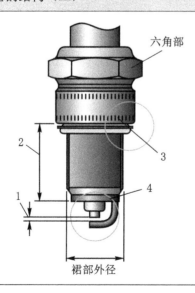

1. _____
2. _____
3. _____
4. _____

单元10　发动机的分解、清洗与装配

一、判断题

1. 汽缸盖的固定螺栓应按顺序分次放松。（　）
2. 在进行发动机拆卸工作时必须等发动机冷却后才能进行。（　）
3. 气门导管在发动机分解时通常是拆下的。（　）
4. 曲轴后端若是装用飞轮及离合器总成，表示是采用手变速器；如果曲轴后端是装用驱动板，则表示是采用自动变速器。（　）
5. 分解发动机时，先拆开各插座的插头。（　）
6. 放松摇臂及轴总成固定螺栓的顺序，是由内往外。（　）
7. 组合发动机时，螺栓及垫片都必须换新。（　）
8. 发动机各零件清洗后用压缩空气吹净。（　）
9. 分解发动机时，通常是把发动机周边的零组件先拆下。（　）
10. 安装气门弹簧时，弹簧较疏一端向下装。（　）
11. 各主轴承盖有一定的位置，且有方向性。（　）
12. 无油槽及油孔的主轴承片，应装在汽缸体上。（　）
13. 主轴承盖螺栓锁紧时应由内往外。（　）
14. 连杆大头轴承盖与连杆的号码或记号必须在同一侧。（　）
15. 安装正时皮带后，必须接着调整正时皮带的张力。（　）
16. 安装活塞与连杆总成时，活塞上的F字应朝向飞轮端。（　）
17. 汽缸盖螺栓锁紧应是由外往内。（　）
18. 安装机油滤清器前，其橡皮封环必须涂上机油。（　）
19. 发电机皮带紧度调整时，以200N的力下压，皮带偏移量8～10mm为正常。（　）

二、选择题

1. 下列_____不必分2～3次放松固定螺栓。
　（A）摇臂及轴总成　（B）汽缸盖　（C）凸轮轴皮带轮　（D）主轴承盖
2. 装配发动机时，下列_____一定要换新。
　（A）螺栓　（B）垫片及油封　（C）垫圈　（D）螺母
3. 安装活塞环时，下述哪项是错误的？

（A）先装第一道环　　　　　　　　　（B）环上有字的面向上装
（C）组合式油环不必使用活塞环拆装钳　（D）刮油式为第二道环

4. 安装活塞与连杆总成时，下述哪项做法错误？
（A）各活塞环的开口均应相互错开　　（B）总成从汽缸顶部装入
（C）活塞环开口应避免在销孔面处　　（D）活塞上F字朝向变速器

5. 安装活塞与连杆总成时，会使用哪种工具？
（A）气门弹簧钳　　　（B）活塞环拆装钳
（C）拉出器　　　　　（D）活塞环压缩器

6. 正时皮带的张力应调整为100N力量向下压，有_____mm的变形量。
（A）3～6　　（B）11～13　　（C）16～18　　（D）20～22

三 填空题

1. 拆卸正时皮带前，应检视_____及_____处的相对记号。

2. 拆卸气门时，使用气门弹簧钳及其配件，压缩上气门弹簧座，用尖嘴钳取出_____后，放松气门弹簧钳，然后取下上气门弹簧座、_____、_____及_____等。

3. 拆卸离合器总成时，使用止挡器固定飞轮，再依_____方式，分_____次放松离合器的固定螺栓。

4. 拆卸连杆与活塞总成时，拆卸前，先检查_____与_____间的相对记号，以及连杆与活塞总成的朝向_____的记号，若没有，应先做上记号；必要时，并将各活塞依缸数编号。

5. 活塞、曲轴、凸轮轴等为精密表面的零件，必须使用_____清洗表面。

6. 电器零件如分电器、发电机、起动电机、高压线、火花塞及橡胶管等，不可用_____清洗。

四 简答题

1. 简述发动机分解的基本过程。
2. 简述拆卸正时皮带时应注意事项。
3. 简述汽缸盖的拆卸注意事项。
4. 简述拆卸离合器总成的方法及注意事项。
5. 简述拆卸连杆与活塞总成的注意事项。
6. 简述拆卸曲轴注意事项。
7. 简述发动机组装注意事项。

五、看图填空

《 1. 发动机周边附属零件的拆卸顺序

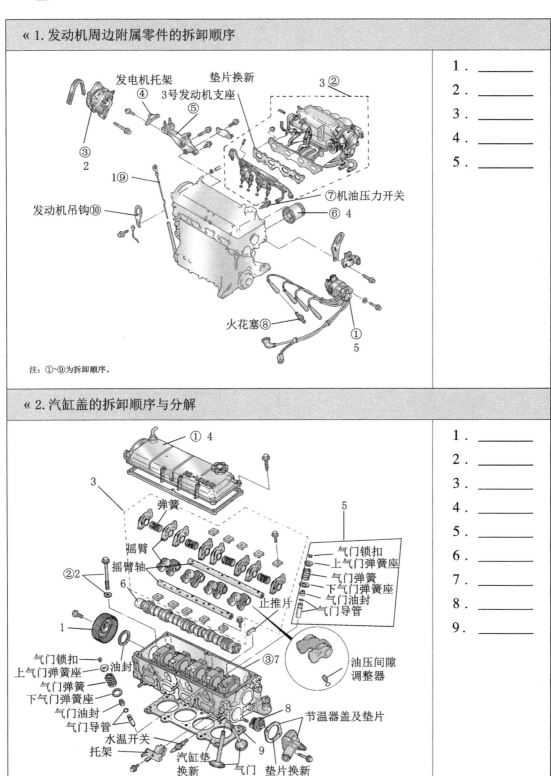

注：①～⑨为拆卸顺序。

1. _____
2. _____
3. _____
4. _____
5. _____

《 2. 汽缸盖的拆卸顺序与分解

注：①～⑨为拆卸顺序。

1. _____
2. _____
3. _____
4. _____
5. _____
6. _____
7. _____
8. _____
9. _____

《3.汽缸体外部零件的拆卸顺序

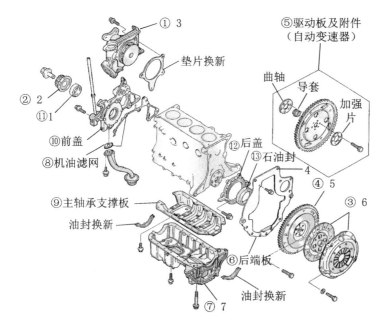

注：①~⑬为拆卸顺序。

1． _____
2． _____
3． _____
4． _____
5． _____
6． _____
7． _____

《4.汽缸体内部零件的拆卸顺序

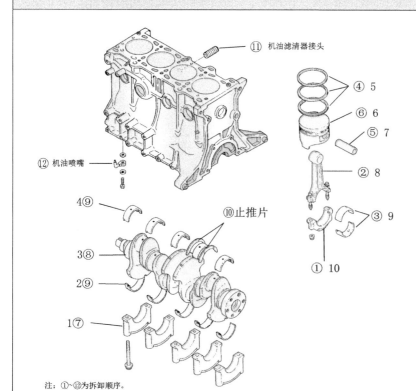

注：①~⑫为拆卸顺序。

1． _____
2． _____
3． _____
4． _____
5． _____
6． _____
7． _____
8． _____
9． _____
10． _____

单元11　空气系统与汽油机燃料供给系统的维修

一、判断题

1. 合成纤维布式空气滤芯，用半干性油浸过，灰尘会黏附在滤芯上，因此不可以压缩空气吹净，必须直接换新。（　）
2. 空气滤芯以目测即可知道堵塞与否。（　）
3. 干纸式空气滤芯可以用压缩空气吹净。（　）
4. 可用化油器清洗剂清洗节气门体内部、节气门、节气门位置传感器、旁通道及空气阀的通道等。（　）
5. 汽油滤清器必须定期更换。（　）
6. 汽油喷射式发动机要做汽油压力释放，是拆开汽油滤清器处汽油管接头。（　）

二、选择题

1. 下列叙述错误的是_____。
   （A）干纸式空气滤芯可清洁后再用
   （B）滤纸式空气滤芯不可清洁
   （C）空气滤芯应定期检查
   （D）以目测方式决定空气滤芯是否需要更换
2. 下列哪个选项不能用化油器清洗剂喷洗_____。
   （A）节气门体内部　　　　（B）节气门
   （C）旁通道及空气阀的通道　（D）节气门位置传感器
3. 更换汽油喷射式发动机的汽油滤清器时，应先_____。
   （A）拆开压力调整器处接头　（B）进行汽油压力释放
   （C）抽干油箱内汽油　　　　（D）发动发动机至工作温度
4. 在对汽油泵检查时，汽油泵最大压力为_____kPa。
   （A）450～600　（B）300～450　（C）150～300　（D）100～200
5. 用万用表测量喷油器线圈电阻值，高阻型为_____Ω。
   （A）2～3　（B）3～5　（C）5～10　（D）11～17
6. 给喷油器通电15s，喷油量应为_____mL。
   （A）50～60　（B）40～50　（C）30～40　（D）20～30

三、填空题

1. 干纸式空气滤芯脏了可使用空气枪，用_____吹净。
2. 合成纤维布式空气滤芯，用半干性油浸过，灰尘会黏附在滤芯上，故不可以用压缩空气吹净，必须_____。
3. 拆下喷油器插线，用万用表测量喷油器线圈电阻值，高阻型为_____Ω，且每个汽缸的喷油器电阻值都应_____。
4. 在拆卸汽油喷射式发动机汽油滤清器前先做_____。
5. 汽油滤清器位于_____的来油管与_____输油管之间。
6. 进行喷油量及喷油效果的检查时，在喷油器下方放置量杯，给喷油器通电_____s，喷油量应为_____mL，同时观察喷出来的油应该是形成一定锥度的均匀雾状。

四、简答题

1. 简述清洁、更换空气滤芯的方法。
2. 简述节气门体拆卸、清洗方法。
3. 简述汽油泵压力释放的方法。
4. 简述喷油器检查项目。
5. 简述汽油泵的检查项目。

单元12　柴油机燃料供给系统的维修

一、判断题

1. VE式喷油泵发动机怠速检查时，节气门拉线操作杆销与控制杆间的间隙应在1～2mm之间。　　　　　　　　　　　　　　　　　　　　　　　　　　　（　　）

2. 线列式喷油泵发动机怠速调整时，发动机若在车上时，检查节气门拉线操作杆与节气门轴控制杆间的间隙应为1mm。　　　　　　　　　　　　　　　（　　）

3. 输油泵出油管漏油换新时，油管接头垫片可继续使用。　　　　　　　（　　）

4. 在安装喷油嘴时脉冲整形垫片上有漆的一面朝向汽缸盖。　　　　　　（　　）

5. 柱塞式输油泵，其进气阀通常是装在手动泵的正下方。　　　　　　　（　　）

6. 柱塞式输油泵，凸轮轴是直接驱动柱塞。　　　　　　　　　　　　　（　　）

7. 拆卸喷油泵时，必须拆下各缸高压油管。　　　　　　　　　　　　　（　　）

8. 线列式喷油泵正时器装回发动机上喷油泵时，转动曲轴，先使曲轴皮带盘20°BTDC缺口对正前盖上记号。　　　　　　　　　　　　　　　　　　（　　）

9. 线列式喷油泵分解时，插在举杆调整螺钉与固定螺母间的定位片，是为了使举杆以上的零件保持在下方。　　　　　　　　　　　　　　　　　　　　　（　　）

10. 线列式喷油泵正时器装回发动机上喷油泵时，其驱动齿轮与惰齿轮的记号必须对正。　　　　　　　　　　　　　　　　　　　　　　　　　　　　　（　　）

11. 喷油泵要先在喷油泵试验器上做测试，以决定是否要分解及调整。　（　　）

12. 线列式喷油泵分解时，先取出凸轮轴，再取出定位片。　　　　　　（　　）

13. 柱塞与柱塞筒倾斜60°，拉出柱塞放手后，柱塞应圆滑移入柱塞筒内。（　　）

14. VE式喷油泵分解前，外表必须清洁干净。　　　　　　　　　　　　（　　）

15. 线列式喷油泵，安装柱塞及柱塞筒时均无方向性。　　　　　　　　（　　）

16. VE式喷油泵的液压头、控制套及柱塞有磨损时，必须成套更换。　（　　）

17. VE式喷油泵正时器弹簧的调整垫片是置于弹簧的一侧。　　　　　（　　）

18. VE式喷油泵的"MS"尺寸不对时，应更换调速器套。　　　　　　　（　　）

二、选择题

1. 线列式喷油泵节气门拉线操作杆与节气门轴控制杆间的间隙应为_____。

　　（A）0.5mm　　　（B）1mm　　　（C）1.5mm　　　（D）2mm

2. VE式喷油泵油节气门拉线操作杆销与控制杆间的间隙应在_____之间。
   （A）0.1～0.2mm　（B）0.5～1mm　（C）1～2mm　（D）2～3mm

3. 下列关于喷油嘴拆解的说法，错误的是_____。
   （A）零件必须依序排列　　（B）零件需要浸在柴油中
   （C）各缸的零件不得混淆　（D）各缸相同的零件可混用

4. 检查喷油嘴时应将喷油嘴倾斜为_____。
   （A）20°　　（B）40°　　（C）60°　　（D）80°

5. 组合调速器，将调速器盖垫片涂上液状密封剂，圆筒螺母用_____扭力锁紧。
   （A）20～30 N·m　　（B）30～40 N·m
   （C）40～50 N·m　　（D）50～60 N·m

6. 使用千分表测量滚轮的高度，最大与最小值间相差不可超过_____。
   （A）0.01 mm　（B）0.02 mm　（C）0.03 mm　（D）0.04 mm

三　填空题

1. 线列式喷油泵在进行喷油正时校正时应根据发动机旋转方向转动曲轴至第一缸活塞压缩上止点前_____的位置。

2. 线列式喷油泵在进行喷油正时校正应取下_____排气阀弹簧。

3. VE式喷油泵油节气门拉线操作杆销与控制杆间的间隙应在_____之间。

4. 在进行怠速调整时，应将转速表的感应接头接在_____。

5. 在安装喷油嘴时_____必须换新，脉冲整形垫片上有漆的一面向_____，并按_____将喷油嘴总成锁在汽缸盖上。

6. 喷油嘴的油针针尖及油针座孔烧蚀时，必须_____。

7. 在进行喷油嘴检查时，将喷油嘴倾斜约_____，油针拉出约_____，放手后，油针应以本身重力平顺的滑入本体内。

8. 使用_____刷将喷油嘴外表积炭清除干净，并将油针及油针座用柴油洗净。

9. 拆开喷油嘴端的高压油管接头，并用_____塞住，以防污物进入。

10. 在喷油泵，分解及调整前，喷油泵应先进行_____。

11. 装回节气门拉杆总成时，节气门拉杆及_____记号必须对正。

12. 手指塞住排气阀座底部，然后将排气阀下压，放掉手指压力后，排气阀应马上回弹，表示_____，若排气阀不回弹，表示吸回活塞_____，应整组换新。

四、简答题

1. 简述线列式喷油泵喷油正时的校正方法。
2. 简述VE喷油泵喷油正时的校正方法。
3. 简述喷油器的检查方法。
4. 线列式喷油泵解体前的准备工作及注意事项有哪些?
5. 简述线列式喷油泵解体后的检查项目。
6. 简述VE泵安装时应注意事项。
7. 简述VE泵解体后的检查方法。

五、看图填空

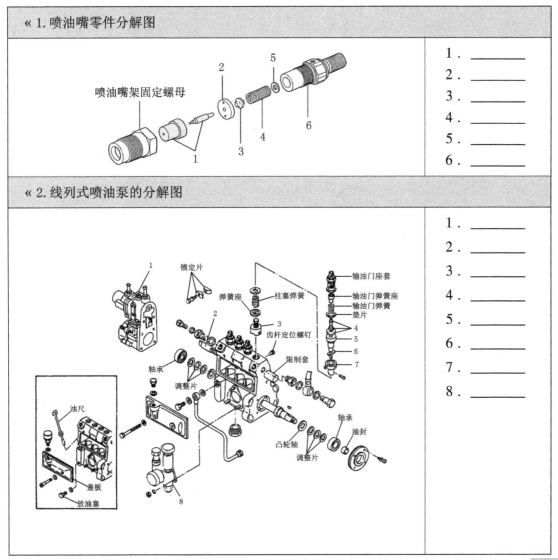

《1. 喷油嘴零件分解图

1. _____
2. _____
3. _____
4. _____
5. _____
6. _____

《2. 线列式喷油泵的分解图

1. _____
2. _____
3. _____
4. _____
5. _____
6. _____
7. _____
8. _____

《 3. VE式喷油泵的分解图

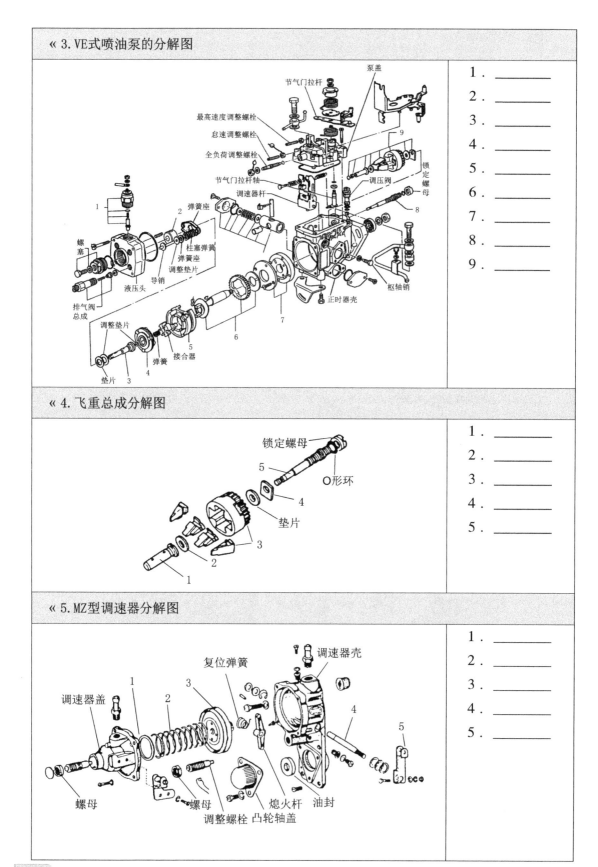

1. ＿＿＿＿
2. ＿＿＿＿
3. ＿＿＿＿
4. ＿＿＿＿
5. ＿＿＿＿
6. ＿＿＿＿
7. ＿＿＿＿
8. ＿＿＿＿
9. ＿＿＿＿

《 4. 飞重总成分解图

1. ＿＿＿＿
2. ＿＿＿＿
3. ＿＿＿＿
4. ＿＿＿＿
5. ＿＿＿＿

《 5. MZ型调速器分解图

1. ＿＿＿＿
2. ＿＿＿＿
3. ＿＿＿＿
4. ＿＿＿＿
5. ＿＿＿＿

《6.柱塞式输油泵的剖面图

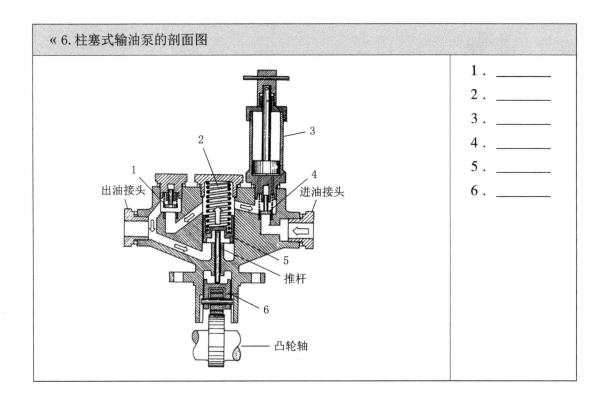

1. _____
2. _____
3. _____
4. _____
5. _____
6. _____

单元13　润滑系统的维修

一　判断题

1. 机油滤清器可用手力、机油滤清器套或机油滤清器扳手锁紧。（　）
2. 用手力锁紧机油滤清器，是现代汽油发动机最常采用的方式。（　）
3. 机油滤清器更换后，必须添加的机油量比未更换时多。（　）

二　选择题

1. 更换机油时，哪项叙述错误？
   （A）发动机先暖车　　　　　　　　（B）乳白色机油表示机油混入冷却水
   （C）装用原来的放油螺栓垫片　　　（D）打开加机油盖
2. 更换滤清器时，哪项叙述是错误的？
   （A）将接合面的油污擦拭干净　　　（B）在O形橡胶环涂抹少量机油
   （C）用手扭紧　　　　　　　　　　（D）检查机油量
3. 汽油发动机用机油滤清器的容量为_____L。
   （A）0.2～0.5　　（B）0.6～0.8　　（C）0.9～1.2　　（D）1.3～1.5
4. 关于更换机油时的注事项说法错误的是_____。
   （A）打开加机油盖，可加快机油的泄放速度
   （B）机油颜色或黏度若有异样，应找出原因
   （C）放油螺栓垫片不更换
   （D）放油螺栓以规定扭力锁紧

三　填空题

1. 在发动机_____时检查机油量。
2. 机油高度应保持在"_____"线上。
3. 发动机放油螺栓锁紧扭力为_____N·m。
4. 安装机油滤清器时，其O形环应先涂抹_____。
5. 更换机油时，_____每次都必须换新。

四 简答题

1. 简述更换机油的方法及注意事项。
2. 简述更换机油滤清器的方法及注意事项。

单元14　冷却系统的维修

一　判断题

1. 冷却液的液面位置应在低(LOW)和满(FULL)两条标记线之外。　　　　　(　)
2. 安装节温器时，垫片必须换新。　　　　　(　)
3. 节温器上的排气孔或钩阀在安装时必须向下。　　　　　(　)
4. 水温开关接头直接跨接，电动风扇就会转动，表示水温开关损坏。　　　　　(　)
5. 冷却液温度传感器的拧紧力矩为30N·m。　　　　　(　)
6. 水温开关只能拆下检查其好坏。　　　　　(　)

二　选择题

1. 可控制发动机水温在一定值的是_____。
   （A）节温器　　（B）水箱　　（C）水箱盖　　（D）储液箱
2. 节温器试验时，下列哪项工具不必使用？
   （A）加热装置　　（B）万用表　　（C）温度计　　（D）玻璃容器
3. 节温器上标示的数字，表示阀的_____温度。
   （A）初开　　（B）全开　　（C）半开　　（D）不开
4. 冷却液温度传感器的拧紧力矩为_____N·m。
   （A）10　　（B）20　　（C）30　　（D）40
5. 在进行风扇电机检修时，若电流超过_____以上电机不转动，则电机必须换新。
   （A）5A　　（B）6A　　（C）8A　　（D）10A

三　填空题

1. 节温器上标示的数字，表示阀的_____温度。
2. 冷却液的液面位置应在_____和_____两条标记线之间。
3. 如果液面位置低，则应检查是否有渗漏，并添加冷却液至_____线位置。
4. 节温器上的排气孔或钩阀必须_____装，在加注冷却水时，空气才能排出；若安装方向错误，会造成排气不良，而影响散热效果。

四、简答题

1. 简述检查冷却液的方法。
2. 简述更换发动机冷却液的步骤。
3. 简述节温器试验内容。
4. 简述水温开关检修方法及步骤。

单元15　发动机电气设备的维修

一　判断题

1. 点火线圈及电容器正常时，其波形应有几个振荡，然后振幅逐渐缩小。（　）
2. 火花塞跳火时正常的颜色为蓝色。（　）
3. 启动发动机时，每次打起动机不可超过15s。（　）
4. 启动发动机前，应先检查机油油面高度及冷却液面高度等。（　）
5. 在进行闭角测试时，当发动机转速在2000r/min时，转速闭角表的旋钮应切换在"LO"位置。（　）
6. 白金间隙正常，但白金闭角不合规定时，表示白金触点磨损。（　）
7. 汽缸压缩压力测试时，发动机转速必须在150r/min以上。（　）
8. 实施汽缸压缩压力测试时，化油器的阻风门及节气门必须全开。（　）
9. 各汽缸间的压缩压力相差超过5%时，表示发动机必须修理。（　）
10. 漏气试验器的响笛，是为了判定该缸是否漏气。（　）
11. 发动机在怠速时的真空值在57~74kPa之间。（　）

二　选择题

1. 火花塞的电极正常颜色为_____。
   （A）黑色　　（B）灰白色　　（C）黑白色　　（D）白色
2. 起动机起动时间不应超过_____。
   （A）5s　　（B）10 s　　（C）15 s　　（D）20s
3. 发电机的输出电压_____。
   （A）变化范围大　　（B）越高越好
   （C）变化范围较小　　（D）越低越好
4. 转速闭角表无法测量下列哪项？
   （A）蓄电池电压　　（B）白金闭角
   （C）发动机转速　　（D）白金间隙
5. 以下的叙述哪项是正确的？
   （A）混合比过浓时，发动机会排黑烟
   （B）怠速混合比调整螺钉转入时，混合比变浓

（C）混合比过稀时，发动机会排出大量的CO

（D）怠速混合比调整螺栓转出时，发动机转速降低

6. 关于使用汽缸压缩压力表时应注意事项说法错误的是_____。

（A）使用前先检查表针是否归零

（B）手压式必须用双手压紧，以免漏气

（C）发动机刚起动时表指示数值即为压缩压力

（D）压缩压力表使用后应擦拭干净

7. 湿压缩测试，若汽缸压缩压力明显升高，表示_____漏气。

（A）活塞环或汽缸壁　（B）气门座　（C）气门　（D）汽缸垫

8. 对汽缸压缩压力测试前的叙述，哪项是错误的是_____。

（A）拆开熄火电磁阀的线头　（B）拆下各缸火花塞

（C）发动机在冷车时　（D）拆开点火开关的IG线头

9. 相邻两缸的压缩压力均偏低时，可能是_____。

（A）活塞环漏气　（B）汽缸垫破损

（C）进气门漏气　（D）排气门漏气

10. 汽缸漏气试验时，若在水箱加水口看到气泡，表示_____。

（A）进气门及座烧蚀　（B）排气门及座烧蚀

（C）汽缸垫烧损　（D）汽缸壁磨损

11. 一般汽缸压缩压力若在标准值的_____以下，发动机必须修理。

（A）50%　　（B）60%　　（C）70%　　（D）80%

三 填空题

1. 火花塞的间隙一般应在_____mm之间。

2. 蓄电池指示器颜色为_____时，表示蓄电池状态良好。

3. 拆卸蓄电池时，应先拆_____极。

4. 正时灯感应夹上的箭头应指向_____。

5. 白金间隙的大小用_____测量。

6. 点火正时不对时，转动_____来调整。

7. 汽缸压缩压力表用来检查各缸的_____是否合乎规定，并根据测量值判定如何修理。

8. 汽缸压缩压力表的种类有_____和_____。

9. 汽缸压缩压力测试方法有_____和_____。

10. 一般汽缸压缩压力若在标准值的_____以下，或各缸间的压力相差超过_____时，发动机必须修理。

11. 真空表用来测试进气歧管真空，怠速时其值约在_____之间。

12. 真空测试方法分为_____和_____。

13. 测量的汽缸压缩压力若比标准值低_____%，表示该汽缸必须修理。

14. 进行汽缸漏气试验时，该缸必须在_____的位置。

四 简答题

1. 简述检查发电机的注意事项。
2. 简述起动机的常见故障及可能的原因。
3. 简述检查火花塞的方法。
4. 简述汽缸压缩压力测试前的准备工作。
5. 简述汽缸压缩压力测试的具体步骤。
6. 简述汽缸漏气试验前的准备工作及测试方法。

DAAN BUFEN
答案部分

- 单元1 发动机的基本知识
- 单元2 机体-曲柄连杆机构
- 单元3 配气机构
- 单元4 进、排气系统及增压机构
- 单元5 汽油机燃料供给系统
- 单元6 柴油机燃料供给系统
- 单元7 润滑系统
- 单元8 冷却系统
- 单元9 发动机电气设备
- 单元10 发动机的分解、清洗与装配
- 单元11 空气系统与汽油机燃料供给系统的维修
- 单元12 柴油机燃料供给系统的维修
- 单元13 润滑系统的维修
- 单元14 冷却系统的维修
- 单元15 发动机电气设备的维修

单元1 发动机的基本知识

一、判断题

1. √；2. ×（压缩）；3. ×（气门重叠角过大会造成怠速不稳定）；4. √；5. √；6. ×（是指上止点与下止点间的距离）；7. ×（等容积）；8. ×（等压）；9. √；10. ×（二冲程发动机）；11. ×（称为OHC发动机）；12. √；13. ×（称为OHV发动机）；14. √；15. ×（TDC）；16. ×（活塞在上止点）；17. ×（并不完全在曲轴转动180°内发生）；18. ×（进气门和排气门）；19. √；20. ×（各汽缸工作容积之和）；21. √；22. √；23. ×（4个）；24. √；25. ×（四冲程、水冷）；26. √；27. √；28. ×（不完全相同）；29. √；30. √；31. ×（一周）；32. ×（关闭的）；33. √；34. ×（纯空气）；35. √；36. ×（水冷）；37. √；38. √；39. ×（回转中心上方最远处）；40. √；41. √；42. ×（发动机飞轮）；43. ×（小）

二、选择题

1. A；2. D；3. C；4. B；5. C；6. C；7. D；8. A；9. B；10. C；11. A；12. C；13. A；14. C；15. D；16. C；17. B；18. C；19. A；20. A；21. D；22. A；23. C；24. C；25. C；26. D；27. B；28. D；29. B；30. C；31. C

三、填空题

1. 发动机；2. 发动机；3. 热效率高、体积小、质量小；4. 内燃机、外燃机；5. 活塞式、燃气轮机；6. 点火方式、工作循环、热力循环、凸轮轴的位置及凸轮轴数、汽缸排列、使用燃料；7. 上止点（TDC）、下止点（BDC）；8. 点燃式、压燃式、四冲程、二冲程；9. 奥托循环、狄塞尔循环、混合循环；10. 等容积循环、等压循环、等容等压循环；11. 凸轮轴装在汽缸盖上、凸轮轴装在汽缸体内；12. 单凸轮轴、双凸轮轴、四凸轮轴；13. 汽油、柴油、液化石油气、双燃料；14. 化油器、进气歧管喷油、汽缸内直接喷油；15. 直接喷射、预燃室、涡流室、能量室；16. 单汽缸、多汽缸、直列式、V型、辐射式、对置式、水冷式、风冷式；17. 两大机构、五大系统、两大机构、四大系统；18. 动力性指标、经济性指标；19. 燃油消耗率；20. 发动机特性；21. 有效功率；22. 两、一、四；23. 冲程；24. 进气、压缩、作功、排气；25. 热能机械能；26. 进入汽缸的混合气的多少；27. 混合气、纯空气、点燃式、压燃式；

28. 有效转矩、有效功率、燃油消耗率； 29. 机体—曲柄连杆机构、配气机构、润滑系统、冷却系统、燃料供给系统、点火系统、起动系统；30. 1、2、一个

四 简答题

1. 活塞在汽缸中上下运动四个冲程，即曲轴旋转720°，完成一个工作循环的发动机，称为四冲程循环发动机。四个冲程依照工作的先后次序，分别为进气→压缩→作功→排气四个冲程。

（1）进气冲程

活塞从上止点下行至下止点，进气门开，排气门关，汽缸内产生真空，将新鲜的混合气吸入汽缸。

（2）压缩冲程

此时进气门与排气门均关闭，活塞从下止点上行至上止点，将汽缸中的混合气压缩，压缩混合气的效果，使得可燃混合气混合得更均匀，温度提高，燃烧迅速，以获得较大的动力。

（3）作功冲程

此时进气门与排气门都关闭，混合气点火燃烧，爆发压力迅速增大，将活塞从上止点推往下止点。

（4）排气冲程

活塞从下止点上行至上止点，进气门关闭，排气门打开，汽缸中已燃烧过的废气，经排气门与排气歧管等排至大气中。

2. 实际上，一般发动机进气门在上止点前5°~25°时开始打开，要在进气冲程活塞到达下止点后35°~65°才完全关闭，这种现象称为进气门的早开晚关，或气门正时。进气门早开晚关的目的是使混合气充分地进入汽缸中。开得太晚，或关得太早，发动机动力与容积效率均会降低；但开得太早或关得太晚，则会降低发动机性能，且耗油率提高。

3. 柴油机与汽油机比较，各有特点。汽油机具有转速高（目前，轿车汽油机最高转速达5000~6000r/min，货车汽油机转速达4000r/min左右）、质量小、工作噪声小、起动容易、制造和维修费用低等特点，故在轿车和轻型货车及越野车上得到广泛的应用；其不足之处是燃油消耗率高，燃油经济性差。柴油机因压缩比高，燃油消耗率平均比汽油机低20%~30%，且柴油价格较低，所以燃油经济性好。一般装载质量为5t以上的货车大都采用柴油机。柴油机的缺点是转速较汽油机低（一般转速在2500~3000r/min）、质量大、制造和维修费用高（因为喷油泵和喷油器加工精度要求高）。但目前柴油机的这些缺点正在逐渐得到克服，其应用范围正在向中、轻型货车扩展。国外有的轿车也采用柴油机，其最高转速可达5000r/min。

4. 四冲程发动机在一个工作循环的四个活塞冲程中，只有一个冲程是作功的，其余三个则是作功冲程的辅助冲程。因此，在单缸发动机内，曲轴每转两周中只有半周是由于膨胀气体的作用使曲轴旋转，其余一周半则依靠飞轮惯性维持转动。显然，作功冲程时，曲轴的转速比其他三个冲程内曲轴转速要高，所以曲轴转速是不均匀的，因而发动机运转就不平稳。为了解决这个问题，飞轮必须做成具有更大的转动惯量，而这样做将使整个发动机质量和尺寸增加。显然，单缸发动机工作振动大，采用多缸发动机可以弥补上述缺点。因此，现在汽车上基本不用单缸发动机，用的最多的是四缸、六缸、八缸发动机。

5. 活塞移动两个冲程，即曲轴转一圈（360°），可完成进气、压缩、作功、排气四个工作过程，完成一次循环的发动机，称为二冲程循环发动机。

6. 二冲程汽油发动机的工作包括四个过程。

（1）进气过程

进气过程分成两个阶段：

活塞从下止点上行将扫气孔封闭时起，至活塞到达上止点时止，因活塞向上移动，曲轴箱容积增大，而产生真空，单向进气阀打开，混合气进入曲轴箱中。

活塞从上止点转而下行，单向阀关闭，曲轴箱容积变小，其内的混合气被曲轴压缩，到活塞使扫气孔开启时起，混合气从曲轴箱中，经扫气孔进入汽缸中，直至活塞到达下止点转而上行，再将扫气孔封闭为止，完成进气过程。

（2）压缩过程

从活塞由下止点上行将排气孔封闭后，至活塞到达上止点时止，与进气过程第一阶段的大部分同时发生。

（3）作功过程

活塞将到达上止点附近时，火花塞点火，可燃混合气燃烧，将活塞从上止点向下推动，直到活塞使排气孔打开为止。

（4）排气过程

从活塞下行使排气孔开启时起，至活塞经下止点转而上行，再将排气口封闭时止，可分成两个阶段。排气孔已开而扫气孔未开期间，汽缸内的压力比大气压力高，废气从汽缸中自动排出。在扫气孔开启期间，新鲜混合气进入汽缸中，将废气清扫出汽缸。

7. 所谓扫气，是指在曲轴箱中被压缩而具有压力的混合气，经扫气孔进入汽缸中，帮助扫除废气，同时进行进气的过程。

8. 发动机在任何时间内，要产生动力，必须经过一定的工作程序，且此程序须连续不断，周而复始，称为循环。循环必须包含进气、压缩、作功和排气四个基本步骤。

9. 活塞在汽缸中上下运动四个冲程，即曲轴旋转720°，完成一个工作循环的发动机，称为四冲程循环发动机。

10．DOHC发动机称为双凸轮轴发动机，即汽缸盖上有两个凸轮轴，一个驱动进气门，另一个驱动排气门。

11．双燃料发动机具有两套燃料供应系统的发动机，一套供给天然气或液化石油气，另一套供给汽油或柴油，两套燃料供给系统按预定的配比向汽缸供给燃料，在缸内混合燃烧的汽车，如CNG柴油双燃料的汽车，或LPG柴油双燃料的汽车。此类车辆燃用CNG（或LPG）为主燃料，柴油起引燃作用。此类发动机可以在单纯燃烧柴油和CNG与柴油同时混烧两种工况灵活切换。

12．活塞顶面在汽缸中的最高点，称为上止点(TDC)；活塞顶面在汽缸中的最低点，称为下止点(BDC)。

13．全部汽缸上、下止点间的活塞位移容积，称为排气量。

14．根据（GB725-82）规定，国产内燃机产品名称由所采用的燃料命名，其型号由阿拉伯数字和汉语拼音组成，分为以下四个部分：

（1）首部：为制造厂根据需要自选相应字母表示的，经主管部或由部主管标准机构核准的产品系列符号或换代标志符号。

（2）中部：由缸数符号、冲程符号、汽缸排列形式符号和缸径符号组成。

（3）后部：用字母表示结构特征和用途特征符号。

（4）尾部：为区分符号，同系列产品因改进原因需要区分时，由制造厂选用适当符号表示。

15．6V100Q——表示6缸、V形、四冲程、缸径100mm、水冷、汽车用发动机。

16．往复活塞式发动机可按照点火方式、工作循环、热力循环、凸轮轴的位置及凸轮轴数、汽缸排列、使用燃料、冷却方式等进行分类。

按照点火方式分为点燃式发动机和压燃式发动机；按照工作循环分类分为四冲程发动机和二冲程发动机；按照热力循环分类分为奥托循环、狄塞尔循环和混合循环；按照凸轮轴的位置分为凸轮轴装在汽缸盖上（凸轮轴顶置）和凸轮轴装在汽缸体内（凸轮轴中置又称为气门顶置式）；按照凸轮轴数分类分为单凸轮轴发动机、双凸轮轴发动机、四凸轮轴发动机；按照使用燃料分为汽油发动机柴油发动机、液化石油气发动机、双燃料发动机；按照汽缸的数量分为单汽缸发动机、多汽缸发动机；按照汽缸的排列方式分为直列式发动机、V型发动机、辐射式发动机、对置式发动机、水平式发动机；按照冷却方式分为水冷式发动机、风冷式发动机。

17．汽油机通常由两大机构和五大系统组成。

（1）机体—曲柄连杆机构。

机体：发动机的机体组包括汽缸盖、汽缸体及油底壳。有的发动机将汽缸体分铸成上下两部分，上部称为汽缸体、下部称为曲轴箱。机体的作用是作为发动机各机构、各系统的装配基体，而且其本身的许多部分又分别是曲轴连杆机构、配气机构、供给系、冷却系和润滑系的组成部分。汽缸盖和汽缸体的内壁共同组成燃烧室的一部分，是承受高温、高压的机件。

曲柄连杆机构：曲柄连杆机构包括活塞、连杆、带有飞轮的曲轴等。这是将活塞的直线往复运动变为曲轴的旋转运动并输出动力的机构。

（2）配气机构。配气机构包括进气门、排气门、摇臂、气门间隙调节器、凸轮轴以及凸轮轴定时带轮（由曲轴定时带轮驱动）。其作用是使可燃混合气及时充入汽缸并及时从汽缸排出废气。

（3）燃料供给系统。燃料供给系统包括汽油箱、汽油泵、汽油滤清器、化油器（或喷油器）、空气滤清器、进气管、排气管、排气消声器等。其作用是把汽油和空气混合成成分合适的可燃混合气供入汽缸，以供燃烧，并将燃烧生成的废气排出发动机。

（4）点火系统。点火系统的功用是保证按规定时刻及时点燃汽缸中被压缩的混合气。其中包括供给低压电流的蓄电池和发动机以及分电器、点火线圈与火花塞等。

（5）冷却系统。冷却系统主要包括水泵、散热器、风扇、分水管以及汽缸体和汽缸盖里铸出的空腔—水套等。其功用是把受热机件的热量散到大气中去，以保证发动机的正常工作。

（6）润滑系统。润滑系统包括机油泵、机油集滤器、限压阀、润滑油道、机油滤清器等。其功用是将润滑油供给作相对运动的零件，以减少它们之间的摩擦阻力，减轻机件的磨损，并部分地冷却摩擦零件，清洗摩擦表面。

（7）起动系统。起动系统包括起动机及其附属装置，用以使静止的发动机起动并转入自行运转。

五、看图填空

1. 1-连杆；2-活塞销；3-活塞环；4-汽缸；5-上止点；6-下止点；7-活塞；8-曲轴

2. 1-进气；2-压缩；3-做功

3. 1-凸轮轴；2-挺柱；3-气门推杆；4-气门摇臂；5-气门

4. 1-气门；2-气门摇臂；3-凸轮轴；4-汽缸盖

5. 1-皮带张紧轮；2-正时皮带

6. 1-曲轴齿轮；2-皮带张紧轮；3-凸轮轴齿轮；4-正时皮带；5-进气凸轮轴；6-排气凸轮轴

7. 1-张紧轮；2-正时皮带；3-凸轮轴齿轮；4-排气凸轮轴；5-进气凸轮轴；6-排气凸轮轴；7-惰轮；8-曲轴齿轮

8. 1-汽油滤清器；2-汽油箱；3-化油器；4-汽油泵

9. 1-进气歧管；2-喷油器；3-火花塞；4-燃烧室

10. 1-高压喷油器；2-火花塞；3-排气歧管；4-燃烧室

11. 1-主燃烧室；2-喷油器；3-预燃室
12. 1-主燃烧室；2-涡流室；3-喷油器
13. 1-正时皮带；2-曲轴齿轮；3-张紧轮；4-正时皮带
14. 1-曲轴；2-下止点；3-上止点；4-燃烧室容积；5-活塞；6-连杆
15. 1-曲轴带轮；2-正时齿形带护罩；3-汽缸盖罩；4-活塞
16. 1-冷却风扇；2-飞轮；3-发电机；4-机油滤清器

单元2　机体-曲柄连杆机构

一　判断题

1. √；2. ×（两端应略为凸出）；3. ×（精密镶入式轴承）；4. ×（大）；5. √；6. √；7. ×（IN是表示进气门，EX是表示排气门）；8. ×（大）；9. √；10. √；11. √；12. ×（全浮）；13. √；14. ×（组合式）；15. √；16. ×（五道）；17. √；18. ×（曲轴）；19. √；20. √；21. ×（变速）；22. ×（垂直）；23. √；24. ×（720°/n，n为缸数）；25. ×（压缩或排气行程上止点）；26. ×（不全采用全支承）；27. √；28. √；29. √；30. √；31. √；32. ×（汽缸体）；33. √；34. √；35. √；36. √；37. ×（传递给曲轴）；38. √；39. √；40. √；41. √；42. √；43. ×（飞轮的功用）；44. √；45. ×（使机油消耗量增加，活塞顶及燃烧室壁面积炭，因此是有害的）；46. √；47. ×（较小）；48. √；49. √；50. √

二　选择题

1. A；2. B；3. B；4. C；5. A；6. C；7. D；8. A；9. C；10. B；11. A；12. C；13. D；14. A 15. A；16. A；17. D；18. A；19. B；20. B；21. D 22. B；23. A；24. C；25. D；26. B

三　填空题

1. 机体组、活塞连杆组、曲轴飞轮组；2. 高温、高压、高速且变速、化学腐蚀、机构冲击、振动；3. 活塞顶部的气体压力、往复运动件惯性力、旋转运动件离心力、接触表面的摩擦力、温差引起的热应力；4. 加配重、合理安排做功顺序；5. 汽缸盖、汽缸体、汽缸垫；6. 热能、机械能；7. 密封、漏气、漏水、漏油、强度、耐压性、耐热性；8. 盆形燃烧室、楔形燃烧室、半球形燃烧室、多气门燃烧室；9. 活塞销；10. 干式汽缸套、湿式汽缸套、11. 镀硬金属、镀软金属；12. 连杆、连杆轴承、连杆轴承盖；13. 主轴颈、连杆轴颈、曲柄臂平衡重、主轴承盖、主轴承片、止推片；14. 整体式、分离式；15. 水冷式、风冷式；16. 直列、V型、卧式；17. 干式、湿式；18. 盆形燃烧室、楔形燃烧室、半球形燃烧室；19. 气环、油环；20. 1-3-4-2、1-2-4-3、1-5-3-6-2-4、1-4-2-6-3-5；21. 汽缸盖、汽缸垫、汽缸体、油底壳；22. 活塞、活塞环、活塞销、连杆；23. 曲轴、飞轮；24. 固定式、半浮式、全浮式；25. 矩形、锥形、内斜边式扭曲环、外切口式扭曲环、带锥扭曲环

四、简答题

1. 曲柄连杆机构包括机体组、活塞连杆组、曲轴飞轮组；曲柄连杆机构的工作条件为高温、高压、高速且变速、化学腐蚀、机构冲击、振动；曲柄连杆机构的受力情况十分复杂，主要有活塞顶部的气体压力、往复运动件惯性力、旋转运动件离心力、接触表面的摩擦力、温差引起的热应力等。

2. 汽缸盖内装有进气门、排气门、进气门导管、排气门导管及火花塞等，其上还装有凸轮轴、进气门摇臂、排气门摇臂、进气歧管及排气歧管等；汽缸盖内部还装有水套，以帮助散热。

3. 燃烧室的种类有盆形燃烧室，楔形燃烧室，半球形燃烧室，多气门燃烧室。燃烧室的设计要求为：容积效率要高；空气与汽油的混合效果要良好；不易产生爆震现象；有害气体产生量应少。

4. 进、排气门成一线排列，垂直安装在汽缸盖上。

气门配置结构简单，混合气压缩时涡流强；但由于进、排气门锥面积大，进、排气孔弯曲弧度大，故容积效率较低。

5. 进、排气门成一线排列，约与汽缸孔中心线倾斜20°装在汽缸盖上，燃烧室呈三角形。

气门配置结构简单，气体流动圆滑，涡流强，且火焰传播距离较短，不易产生爆震；但由于燃烧室表面积大，故热损失较多。

6. 进、排气门分别斜置在汽缸盖的一侧。

进、排气流动顺畅，容积效率高，气门座的冷却效果好，且火花塞与燃烧室各部位的距离短并且距离相等；但配气机构较复杂，且压缩涡流弱。

7. 进、排气门分别斜置在汽缸盖的一侧，气门中心线与汽缸孔中心线的夹角较小，且为多气门的设计。

燃烧室表面积最小，热损失少，且因多气门，故进、排气效率很高；但配气机构

最复杂。

8. 干式汽缸套是指汽缸套不与冷却水直接接触,厚度较薄。通常汽缸套均以比汽缸孔内径稍大的外径压入汽缸孔中,使两者能紧密接合,加快散热速度,大多用于汽油发动机。干式汽缸套磨损后,可镗缸数次,必要时汽缸套可换新。

湿式汽缸套是指汽缸套与冷却水直接接触,其上部有凸缘,利用汽缸盖压紧在汽缸体上,以避免松动。上部及下部并使用1~2条的橡皮水封,以防止漏水,柴油发动机使用较多。湿式汽缸套磨损后,汽缸套拆下直接换新,不必镗缸。

9. 活塞销中心线与汽缸的中心线不在同一直线上,每100mm外径有1~2mm向动力冲击面偏移,这种活塞称为偏位活塞。采用偏位活塞时,当活塞压缩接近TDC时,压缩压力使活塞稍倾斜,活塞主推力面下方开始与汽缸壁接触;接着过了TDC后,活塞倾斜,主推力面与缸壁全面接触,使活塞冲击减至最小,故可减少活塞及汽缸壁的磨损和噪声。

10. 活塞在汽缸中做往复运动,将燃烧产生的动力,经活塞销及连杆,传到曲轴,使曲轴做旋转运动。活塞为圆筒形,上方周围有槽,槽中安装活塞环,以防止漏气及机油进入燃烧室;活塞下方为裙部,支撑在汽缸壁上,以防止活塞在运动时产生摇摆。

11. 按照活塞断面形状可分为正圆活塞、椭圆活塞;按照活塞顶部形状可分为平顶式、凸顶式、凹顶式、特殊顶式;按照活塞裙部形状可分为实裙式、裂裙式、拖鞋式;特殊结构的活塞有恒范钢片活塞、偏位活塞。

12. 活塞销的固定方式有以下几种:

固定式:活塞销以螺栓固定在活塞上,连杆小头与活塞销之间可以滑动。

半浮式:活塞销固定在连杆小头上,活塞与活塞销之间可以滑动。

全浮式:活塞销不固定在活塞上,也不固定在连杆小头上,是在活塞销毂两端以弹性卡环扣住,以防止活塞销滑出。

13. 活塞环有气环和油环两种。以气密为主要目的的活塞环,称为气环,装在上方,有2~3条;以控制汽缸壁的适当油膜为主要目的,而将多余机油刮除的环,称为油环,装在下方,有1~2条。活塞环具有张力,对汽缸壁加压,使气密良好;同时发动机运转时,活塞头部所承受的热,必须经活塞环传到汽缸壁;另外,活塞环也须将汽缸壁过多的机油刮除,以免进入燃烧室中。

14. 根据开口形状可分为直切口、斜切口、阶梯口、封闭口气环。

根据断面形状可分为矩形环、锥形环、内斜边式扭曲环、外切口式扭曲环、带锥扭曲环。

15. 油环可分为整体式和组合式两种。

油环的主要作用是控制汽缸壁的油膜厚度,油环能将多余的机油刮走,刮掉的机油会从油环的中央槽孔,再经活塞油环环槽的油孔流回油底壳。

16．椭圆形活塞冷时仅一部分与汽缸壁接触，温度升高后，因活塞销孔方向的膨胀较多，使接触面积逐渐增加；当发动机达到正常工作温度时，活塞即成正圆形，而与汽缸壁全面接触。

椭圆活塞的优点为冷时活塞与汽缸壁之间的间隙较小，使冷发动机运转的噪声小，且活塞的摆动少，故活塞与汽缸壁的磨损也较少。

17．拖鞋式活塞是指将活塞销孔方向的裙部削除，而推力方向的裙部也缩短。可以减小活塞的尺寸及质量，因而减少往复运动的惯性阻力，来降低发动机的振动及噪声，并可避开曲轴配重。

18．表面经常与汽缸壁全部接触，以本身的张力使环压紧在汽缸壁上。

在做功及压缩冲程时，燃烧气体及压缩气体的压力，从环的上面及内面加压于环侧及环底，以强大的压力使环与环槽下缘及汽缸壁保持密封，因此可以防止漏气，但在与活塞一起往复运动时，在环槽内上下窜动，把汽缸壁上的机油不断地挤入燃烧室，产生"泵油作用（又称为"上机油"）"使机油消耗量增加，活塞顶及燃烧室壁面积炭。

19．连杆总成由连杆、连杆轴承及连杆轴承盖等组成。连杆连接在活塞与曲轴之间，将活塞的动力传递到曲轴，并将活塞的往复运动转变成曲轴的旋转运动。

20．现代汽油发动机广泛使用的轴承片为铜铅合金，是在表面镀一层0.005～0.02mm厚的铅基巴氏合金，中层铜铅合金厚0.2～0.4mm，连同钢背共有三层，称为三层轴承。

21．曲轴总成是由主轴颈、连杆轴颈或称曲柄销、曲柄臂、平衡重或称曲轴配重、主轴承盖、主轴承片及止推片等组成。

曲轴将活塞的往复运动，经连杆转变为旋转运动，且利用飞轮的惯性，将动力供给活塞做进气、压缩、排气等工作，并将各缸做功冲程产生的动力，经过飞轮向外输出。

22．曲轴皮带轮的功用是利用皮带以带动发电机、水泵、空调压缩机及转向助力泵等；其上有记号，以对正上止点及点火正时。

飞轮的功用是在做功冲程时吸收动能向外输出，并储存部分动能，供给进气、压缩、排气等各冲程使用，使发动机能运转并使动力能平稳输出。

23．在六缸以上的发动机，上一缸的做功冲程尚未结束，下一缸的做功冲程已经开始，各缸间因此有动力重叠输出的情形，称为动力重叠。

五 看图填空

1．1-汽缸垫；2-汽缸盖；3-衬垫；4-汽缸盖罩
2．1-汽缸体；2-汽缸垫；3-汽缸盖；4-进气歧管；5-排气歧管

3. 1-水套；2-进气门摇臂；3-气门弹簧；4-进气门管道；5-进气门

4. 1-汽缸体；2-主轴承盖；3-油底壳

5. 1-曲轴带轮；2-曲轴正时齿形带轮；3-曲轴；4-连杆；5-活塞销；6-气环；7-油环；8-活塞；9-飞轮；10-连杆盖；11-止推片

6. 1-曲轴；2-燃烧室；3-汽缸盖；4-活塞；5-活塞环；6-活塞销；7-连杆

7. 1-活塞裙；2-油环环槽；3-气环环槽；4-活塞顶；5-活塞销孔

8. 1-连杆轴承盖；2-连杆轴承片；3-连杆螺栓；4-连杆

9. 1-主轴颈；2-曲轴销；3-曲轴配重；4-曲柄臂

10. 1-主轴承片；2-止推面；3-止推片；4-主轴承盖

11. 1-离合器；2-离合器片；3-飞轮

单元3 配气机构

一、判断题

1. √；2. √；3. ×（温度越低）；4. ×（小于1）；5. ×（通常进气门的头部外径比排气门大，以利进气）；6. ×（螺距小的一端向汽缸盖）；7. ×（部分发动机排气门处不装油封）；8. √；9. ×（还有一部分使用摇臂）；10. √；11. ×（整个排气过程的持续时间所用曲轴转角也大于180°）；12. ×（有气门叠开现象）；13. √；14. √；15. √；16. ×（大）；17. ×（大）；18. √；19. ×（不可能）；20. ×（气门与传动机构）；21. √；22. ×（慢）；23. ×（配气机构的功用是定时开起和关闭进、排气门，及时进气和排气）；24. √；25. √；26. √；27. √；28. ×（功用是关闭气门）；29. √；30. ×（开启）；31. ×（没有气门间隙）；32. ×（可以不用）；33. √；34. √；35. ×（完全关闭）；36. ×（压缩或排气上止点）；37. √；38. ×（保持合适的宽度）；39. √；40. ×（也可以顺时针转动）；41. ×(相反)

二、选择题

1. D；2. D；3. B；4. C；5. A；6. A；7. C；8. C；9. C；10. B；11. A；12. B；13. B；14. B；15. A；16. B；17. A；18. B；19. B；20. A；21. B；22. A；23. D；24. A

三、填空题

1. 充量系数；2. 压力、温度；3. 1、0.80~0.90；4. 气门杆、气门头；5. 大；6. 45°；7. 1mm、1.5mm；8. 干涉角；9. 直线运动；10. 油封；11. 气门弹簧；12. 汽缸盖、气门尾端；13. 凸轮轴、链轮、轴承、链条、张紧轮；14. 气门升程；15. 正时链条、正时皮带；16. 滚柱链条、静音链条；17. 气门锁夹；18. 进、排气时间；19. 可变配气相位、气门升程电子控制(VTEC)机构；20. 按照发动机工作循环和发火次序定时开启和关闭进、排气门，及时进气和排气；21. 气门叠开；22. 2∶1、两、一、一；23. 相反

四、简答题

1. 配气机构的功用是按照发动机每一汽缸所进行的工作循环和发火次序的要求，定时开启和关闭进、排气门，使新鲜可燃混合气（汽油机）或空气（柴油机）得以及时进入汽缸，废气得以及时从汽缸排出。

2. 充量系数就是在进气过程中，实际进入汽缸内的新鲜空气或可燃混合气的质量与在进气状态下充满汽缸工作容积的新鲜空气或可燃混合气的质量之比。

3. 气门应具备的条件有：
（1）具有耐热性及良好导热性；（2）在高温下不会发生氧化熔蚀；（3）在高温下仍能保持其硬度与强度，耐冲击；（4）具有良好的耐磨性。

4. 为防止弹簧的谐振与气门的开闭动作相近时，会使气门无法关闭，因此常使用一大一小两个弹簧套在一起，使谐振不会发生。如果仅用一条弹簧时，弹簧的螺距必须疏密不等。在安装时，密的一端向汽缸盖，疏的一端向气门尾端。

5. 若进气门油封磨损，大量机油会被吸入燃烧室，即所谓"下机油"现象，造成积炭及冒白烟；若是排气门油封磨损，则下行的机油会经排气歧管，从排气管流出。

6. 凸轮轴由曲轴以正时链条或正时皮带带动，四冲程发动机其转速为曲轴的一半。主要用来控制进、排气门的开闭，化油器式发动机用以驱动汽油泵、分电器、机油泵等，汽油喷射式发动机用以驱动分电器等。

7. 活塞的位置与进、排气门的开闭，其时间必须精确配合，故曲轴与凸轮轴的转动角度必须精密对正且保持不变，正时机构分为使用正时链条和使用正时皮带两种。

8. 正时链条的优点是耐久性好，可靠性高，免保养，故部分现代汽油发动机已逐渐改用正时链条。

9. 张紧机构的作用是在发动机转速变化时，防止皮带或链条振摆，避免气门正时及点火时间发生改变，避免产生噪声。

10. 正时皮带的优点为重量轻，价格便宜，噪声小而不需要润滑等，但必须定期

检查，约10万km必须换新且不能沾染油、水、污垢等。

11．气门锥面比气门座的角度略小，称为干涉角。气门干涉角使接触面间形成较大的接触压力，帮助气门锥面剪除气门座上的堆积物，使密封良好。不过当气门锥面与气门座逐渐磨损时，干涉角会消失。

12．因气门、气门摇臂等零件受热后会膨胀，因此必须留有适当的气门间隙，以防止气门无法闭合，并保持正确的气门正时。

气门间隙的调整方法：

垫片调整式：更换挺柱上方或内部的垫片以调整气门间隙。

螺钉调整式：转动气门摇臂上的调整螺钉以调整气门间隙。

13．气门挺柱装在发动机体内，将凸轮轴的旋转运动变成直线运动，以驱动气门开启。

14．气门摇臂可改变运动方向，并具备杠杆作用，使气门的开启量比凸轮的冲程大；另外气门摇臂上有调整螺钉，可调整气门间隙。

15．配气相位就是进、排气门的实际开闭时刻,通常用相对与上、下止点曲拐位置的曲轴转角的环形图来表示。这种图形称为配气相位图。

16．由于发动机的曲轴转速都很高，活塞每一个冲程都很短，使发动机充气不足或排气不净，因此，现代发动机都采用延长进、排气时间的方法，即气门的开启和关闭时刻分别提前和延迟一定的曲轴转角，以改善进、排气状况，从而提高发动机的动力性。

17．由于进气门在上止点前即开启，而排气门在上止点后才关闭，这就出现了一段时间内排气门和进气门同时开启的现象，这种现象称为气门重叠，重叠时期的曲轴转角称为气门重叠角。由于新鲜气流和废气流的流动惯性都比较大，在短时间内不会改变流向，这对换气有利。

18．当发动机转速改变时，由于进气流速和强制排气时期的废气流速也随之改变，因此在气门晚关期间利用气流惯性增加进气和促进排气的效果将会不同。例如，当发动机在低速运转时，气流惯性小，若此时配气定时保持不变，则部分进气将被活塞推出汽缸，使进气量减少，汽缸内残余废气将会增多。当发动机在高速运转时，气流惯性大，若此时增大进气迟后角和气门重叠角，则会增加进气量和减少残余废气量，使发动机的换气过程臻于完善。总之，四冲程发动机的配气定时应该是进气迟后角和气门重叠角随发动机转速的升高而加大。如果气门升程也能随发动机转速的升高而加大，则将更有利于获得良好的发动机高速性能。

19．装有VTEC机构的发动机每个汽缸均有两个进气门和排气门。只是，它的两个进气门有主次之分，即主进气门和次进气门；每个进气门均由单独的凸轮通过摇臂来驱动。驱动主、次进气门的凸轮分别叫主、次凸轮；与主、次进气门接触的摇臂分别叫主、次摇臂。主、次摇臂之间设有一个特殊的中间摇臂，它不与任何气门直接接触。三个摇臂并列在一起，均可在摇臂轴上转动。在主摇臂、次摇臂和中间摇臂相对应的凸轮轴上有三个不同升程的凸轮，分别称之为主凸轮、次凸轮和中间凸轮。其中，中间凸轮的升程最大，次凸轮的升程最小，主凸轮升程介于中间凸轮与次凸轮之间。中间凸轮的升程是按发动机双进双排气门工作最佳输出功率的要求而设计的，主凸轮升程是按发动机低速工作时单气门开闭要求设计的，次凸轮升程的最高处只稍微高于基圆，作用是在发动机怠速运行时，通过次摇臂稍微打开次气门，以避免燃油集聚在次进气门口。中间摇臂的一端和中间凸轮接触，另一端在低速时可自由活动；三个摇臂在靠近气门一端均有一个油缸孔。油缸孔中都安置有靠油压控制的活塞，它们依次为正时活塞、主同步活塞、中间同步活塞和次同步活塞。

20．当VTEC机构不工作时，正时活塞和主同步活塞位于主摇臂油缸内，和中间摇臂等宽的中间同步活塞位于中间摇臂油缸内，次同步活塞和弹簧一起则位于次摇臂油缸内。正时活塞的一端和液压油道相通，液压油来自工作油泵，油道的开启由ECM通过VTEC电磁阀控制。

当发动机低速运转时，由于ECM不发出指令，油道内没有油压，活塞位于各自的油缸内，所以各个摇臂均独自运动。于是主凸轮主摇臂控制开闭主进气门，以供给低速运转时发动机所需的混合气。次凸轮则使次摇臂微微起伏，微微开闭次进气门，中间摇臂虽然也随着中间凸轮大幅度运动，但是它对于任何气门不起作用。此时发动机处于单进双排工作状态，吸入的混合气不到高速时的一半，由于此时仍然是所有汽缸参与工作，所以发动机运转十分平稳。

当发动机高速运转时，ECM就会向VTEC电磁阀发出指令开启工作油道，于是工作油道中的压力油就推动活塞移动，压缩弹簧，这样主摇臂、中间摇臂和次摇臂就被主同步活塞、中间同步活塞和次同步活塞串联为一体，成为一个同步活动的组合摇臂。由于中间凸轮的升程大于另两个凸轮，而且凸轮角度提前，故组合摇臂按中间摇臂一起受中间凸轮驱动，主、次气门都大幅度地同步开闭，因此配气相位变化了，吸入的混合气量也增多了，满足了发动机全功率时的进气要求。

21. 进气门早开：在进气行程开始时可获得较大的气体通道截面，减小进气阻力，保证进气充分；进气门晚闭：利用进气气流惯性继续对汽缸充气；排气门早开：利用废气残余压力使废气迅速排出汽缸；排气门晚闭：利用废气气流惯性使废气排出彻底。

五　看图填空

1. 1-凸轮轴正时齿形带轮；2-凸轮轴；3-挺柱体；4-进气门座；5-进气门；6-气门导管；7-气门弹簧

2. 1-气门尾端；2-气门锁夹槽；3-气门杆；4-气门锥面

3. 1-挺杆；2-调整片；3-气门锁夹；4-气门弹簧座；5-气门弹簧；6-气门油封；7-下气门弹簧座；8-气门导管

4. 1-气门杆；2-气门锁夹；3-气门弹簧座；4-气门弹簧；5-伞型气门油封；6-气门导管

5. 1-正时点；2-凸轮轴链轮；3-正时链条；4-曲轴链条

6. 1-曲轴皮带轮；2-正时皮带；3-凸轮轴皮带轮；4-张紧轮

7. 1-凸轮轴链轮；2-正时链条；3-曲轴链轮

8. 1-凸轮轴皮带轮；2-正时皮带；3-自动调整式张紧器；4-曲轴皮带轮；5-正时皮带轮

9. 1-凸轮；2-气门挺杆；3-气门推杆；4-调整螺钉；5-气门摇臂；6-气门间隙

10. 1-气门座；2-凸轮；3-气门摇臂；4-调整螺钉；5-气门间隙；6-气门摇臂；7-气门杆；8-气门锥面

11. 1-气门；2-挺杆；3-调整垫片；4-凸轮

单元4 进、排气系统及增压机构

一 判断题

1.√；2.×（分置于汽缸盖的两侧）；3.√；4.×（长）；5.×（经压缩空气吹净后，可重复使用）；6.×（空气阀）；7.×（停止作用）；8.√；9.×（有些采用不锈钢）；10.√；11.√；12.×（经过）；13.√；14.√；15.√；16.√；17.√；18.×（不能净化NOx）；19.√；20.√

二 选择题

1.D；2.C；3.D；4.A；5.B；6.C；7.C；8.C

三 填空题

1.进气管、空气滤清器、节气门体、进气总管、进气歧管；2.空气阀、急速空气控制阀；3.节气门体；4.汽缸盖的两侧、两排汽缸的中间、汽缸盖的外侧；5.将混合气或空气均等分送到各个汽缸、进气脉冲效果；6.调音文氏管、共鸣箱；7.干纸、合成纤维布；8. 以快怠速运转；9. 辅助空气装置、怠速空气控制阀；10. 空气旁通道上、感温蜡球、弹簧、提升阀；11. 线性移动；12. 电磁线圈、阀轴、阀门、工作时间比率、越大、越高；13. 排气歧管、催化转换器、排气管、消声器；14. 三、催化转换器及消声器；15. 2～3；16. 一氧化碳（CO）、碳氢化合物（HC）、氮氧化合物（NOx）、氧化型催化转化器、还原型催化转换器、三元催化转换器、三元催化转换器；17. 预先压缩后再供入汽缸、空气密度、进气量、涡轮增压、机械增压、气波增压；18. 高压、高温、噪声；19. 灰尘、杂质

四 简答题

1. 采用玻璃纤维制成的塑胶式进气管总成，可减轻车重，提高省油性；且不会传热给空气及油气，故可提高容积效率，提升发动机的扭矩；并可改善热车起动性能。

2. 空气滤清器将吸入空气中的灰尘、杂质滤除，以防止损坏活塞、汽缸，并避免脏污空气混入机油后，造成各润滑部位的磨损。通常现代汽车的空气滤清器，设有降低进气噪声的装置。

3. ISC阀是由电磁线圈、阀轴、阀门、阀座及弹簧所组成。由ECM控制ISC(IAC)阀通电时间的长短或通电的方向，改变旁通空气量，以进行发动机在各种运转状况时的怠速转速修正。

4. 可变进气系统的进气管可变长变短，由ECU控制，在发动机低速时，自然吸气量太少，进气管道是变长变细的，利用空气的惯性增加进气量，提高低速扭力。到发动机高速时，要大量的空气，这时候进气管就变短变粗，让新鲜空气源源不断的进入。这样发动机在各个转速内都达到最佳扭力。

5. 不锈钢制排气歧管优点为：管壁薄，质量减小，形状自由度大，可提高容积效率。

6. 催化转换器的作用是帮助净化排气中一氧化碳(CO)、碳氢化合物(HC)及氧化氮(NOx)等污染气体。依其功能可分为使CO、HC继续氧化为二氧化碳(CO_2)及水蒸气(H_2O)的氧化型催化转化器，使NOx还原为氮气(N_2)的还原型催化转换器，及使CO、HC氧化与NOx还原的三元催化转换器，现代汽油发动机多采用三元催化转换器。

7. 所谓增压就是将空气预先压缩后再供入汽缸，以期提高空气密度，增加进气量的一项技术。由于进气量增加，可相应地增加循环供油量，从而可以增加发动机的功率。同时，增压还可以改善燃油经济性。增压有涡轮增压、机械增压和气波增压等三种基本类型。实现空气增压的装置称为增压器。各种增压类型所用的增压器分别称为涡轮增压器，机械增压器和气波增压器。

8. 机械增压器由发动机曲轴经齿轮增速器驱动，或由曲轴齿形传动带轮经齿形传动带及电磁离合器驱动。机械增压能有效地提高发动机功率，与涡轮增压相比，其低

速增压效果更好。另外，机械增压器与发动机容易匹配，结构也比较紧凑。但是，由于驱动增压器消耗发动机功率，因此燃油消耗率比非增压发动机略高。

9. 涡轮增压器由涡轮机和压气机构成。将发动机排出的废气引入涡轮机，利用废气所包含的能量推动涡轮机叶轮旋转，并带动与其同轴安装的压气机叶轮工作，新鲜空气在压气机内增压后进入汽缸。涡轮增压的优点是经济性比机械增压和非增压发动机好，并可大幅度地降低有害气体的排放和噪声水平。涡轮增压的缺点是低速时转矩增加不多，而且在发动机工况发生变化时，瞬态响应差，致使汽车加速性，特别是低速加速性差。

10. 气波增压器中有一个特殊形状的转子，由发动机曲轴带轮经传动带驱动。在转子中发动机排出的废气直接与空气接触，利用空气压力波使空气受到压缩，以提高进气压力。气波增压器结构简单，加工方便，工作温度不高，不需要耐热材料，也无需冷却。与涡轮增压相比，其低速转矩特性好，但是体积大，噪声水平高，安装位置受到一定的限制。目前，这种增压器还只能在低速范围内使用。由于柴油机的最高转速比较低，因此多用于柴油机上。

五 看图填空

1. 1-怠速调整螺栓；2-旁通道；3-节气门；4-进气总管；5-加速踏板
2. 1-节气门角度传感器；2-怠速调整螺栓；3-节气门；4-冷却液通道
3. 1-进气导管；2-空气滤芯；3-盖；4-空气流量计
4. 1-进气总管；2-节气门体；3-空气滤清器；4-怠速调整螺栓；5-空气阀
5. 1-进气歧管；2-排气管；3-消声器；4-催化转换器
6. 1-排气管；2-氧传感器；3-排气歧管
7. 1-催化转换器；2-温度传感器；3-消声器；4-中段排气管；5-消声器
8. 1-进气总管；2-涡轮；3-压缩器
9. 1-进气管；2-排气管；3-转子

单元5 汽油机燃料供给系统

一 判断题

1. √；2. ×（12~16Ω）；3. ×（执行器）；4. ×（维持汽油压力与进气歧管压

力两者相加为固定的压力总和）；5. ×（少部分电动式汽油泵是装在油箱外）；6. ×（压力调节器装在油箱内的燃油供给系无回油管）；7. ×；8. ×（节气门之后）；9. ×（电阻值越大）；10. √；11. ×（经过）；12. √；13. ×（NTC型）；14. √；15. √；16. ×（持续增量至冷却水温度到达一定值为止）；17. ×（等于无效喷射时间加上汽油喷射持续时间）；18. ×（具备）；19. ×（间歇）；20. √；21. √；22. √；23. √；24. ×（正比）；25. √；26. ×（一圈）；27. √；28. √；29. √；30. ×（动力性强）；31. ×（点火控制器是执行器）；32. √；33. √；34. √；35. ×（排气冲程后半段进气冲程之前）；36. √；37. ×（间接）；38. ×（直接）；39. √；40. ×（释压阀）；41. √；42. ×（配合发动机转数信号）；43. √；44. √；45. ×（数字信号）；46. ×（易积污物）

二 选择题

1. D；2. D；3. B；4. C；5. D；6. D；7. D；8. D；9. D；10. D；11. B；12. B；13. D；14. D；15. A；16. C；17. A；18. D；19. D；20. B；21. C 22. A；23. C；24. C；25. A；26. D；27. A；28. B 29. C；30. A；31. A；32. A；33. D；34. A；35. B 36. A；37. A；38. B

三 填空题

1. 化油器式、汽油喷射式、活性炭罐式；2. 质量流量方式、速度密度方式、节气门速度方式；3. 机械控制式、机械电子控制式、电子控制式；4. 缸内喷射式、缸外喷射式；5. 单点喷射(SPI)式、多点喷射(MPI)式；6. 连续喷射式、间歇喷射式；7. 翼片式、热线式、热膜式、卡门涡流式；8. 汽油供给系统、空气供给系统、电子控制系统；9. 电动汽油泵、汽油滤清器、燃油共轨、压力调节器；10. 油口盖、加油管、油面指示传感器、箱内式滤网、电动式汽油泵；11. 压力释放阀、真空释放阀、压力释放阀、真空释放阀；12. 滤网、O形环、电磁线圈、电枢、阀体、针阀；13. 开关控制、ECM控制；14. 汽油压力与进气歧管压力两者相加为固定的压力总和；15. 12~16Ω、12 V；16. 越长、越多；17. 空气流量计、节气门体；18. 进气量、发动机转速、空气滤清器与节气门体之间；19. 5V、正比、4.0~5.0V、0.3~0.8V；20. 进气歧管压力、节气门之后的进气总管上；21. 空气滤清器外壳、翼片式空气流量传感器、进气歧管通道、靠近蓄电池的电脑内；22. 低、高；23. 超声波、光学；24. 发动机控制模块、各传感器、各执行器；25. 最低、最高；26. 电磁式、霍尔效应式、光电式；27. 高、低；28. 负温度系数、正温度系数、负温度系数、正温度系数；29. 靠近发动机、靠近三元催化转换器入口、靠近三元催化转换器出口、二氧化锆、二氧化钛；30. 0.9V、0.1V；31. 正确的空燃比；32. 三元前传感器、三元催化转换器的；33. 三元后传感器、三元催化转换器的效率；34. 微处理器芯片、定时器集成电路、输入接口、芯片输出接口、芯片输出驱动器、放大芯片、存储器芯片；35. 提供较低的稳定电压给电脑及传感器、5V；36. 传感器输入信号的电压；37. 模拟信号成为数字信号、数字信号转为模拟信号；38. 将电脑输出的小电流转换为大电压与电流输出；39. 每一缸的喷油器在什么时间喷油、同步喷射、分组喷射、顺序喷射；40. 同时、点火顺序依序、交替；41. 起动时与起动后增量、暖车时加速增量、热车时加速增量、减速时减量、全负荷时增量、进气温度修正、电压修正；42. 冷却水温度、冷却水温度、越多、越长；43. 节气门位置传感器的怠速触点；44. 节气门的开启度；45. 减少；46. 节气门开启角度、进气量；47. 变稀、变浓、进气温度传感器；48. 相等、无效喷射时间加上汽油喷射持续时间；49. 蓄电池电压、电压高、电压低；50. 三元催化转换器、喷射时间；51. 喷油器、燃油压力调节器、空气阀、电动汽油泵；52. 起动时及起动后、暖车时、车辆长期使用后、电器负荷、换挡杆在N、P以外位置时、动力转向、空调；53. 增加旁通空气量、上升、怠速不稳定或熄火；54. 增加旁通空气量、快怠速运转；55. 增加旁通空气量、一定的怠速；56. 增加旁通空气量、提高怠速转速；57. 增加旁通空气量、怠速下降；58. 增加旁通空气量、怠速在一定值；59. 增加旁通空气量、怠速下降；60. 低温时修正、高温时修正、怠速时修正、爆振时修正、换挡时修正；61. 提前、延后；62. 平均值、提前一个预设值、延迟一个预设值；63. 延迟多或少；64. 延迟、降低；65. 执行器；66. 空气质量、空气压力；67. 电磁式、霍尔式、光电式；68. 喷油量、点火时间；69. 节气门体；70. 同步喷射、分组喷射、顺序喷射；71. 基本喷油时间

四、简答题

1. 按照空气量的检测方法可分为质量流量方式、速度密度方式、节气门速度方式；按照喷射系统的控制方式可分为机械控制式、机械电子控制式、电子控制式；按照汽油的喷射位置可分为缸内喷射式、缸外喷射式；按喷油器的数目可分为单点喷射式、多点喷射式；按汽油的喷射方式可分连续喷射式、间歇喷射式。

2. 所谓空气质量流量检测方式是利用空气流量计直接计测吸入的空气量，再参考发动机转速，以计算汽油喷射量。

3. 所谓速度-密度方式即歧管绝对压力式是以发动机转速与进气歧管压力来计算每一循环所吸入的空气量，以此空气量为基准，来计算汽油喷射量。

4. 所谓节气门速度检测方式是以节气门开度与发动机转速，来计测每一循环所吸入的空气量，以此空气量为基准，来计算汽油喷射量。此方式是直接检测节气门开度，过渡反应性良好，应用于赛车上。

5. ECU按照进气量、转速、负荷、温度、排气中含氧量等信号的变化，配合存储器中储存的数据，以确定所需的喷油量，然后控制喷油器的开启时间，喷出正确的汽油量；最佳点火时间也是以相同方法计算修正。其他控制如怠速控制、汽油增减量修正、空调控制等，都具有自我诊断与故障码显示功能、故障安全功能及备用功能等。

6. 现代汽油发动机采用的缸内喷射装置，常称为缸内汽油直接喷射系统，比一般的进气口汽油喷射发动机，更省油，且动力更大。

7. 单点喷射系统是在进气总管节气门的上方安装一个中央喷射装置，使用一个或两个喷油器向进气总管喷射，形成混合气，在进气冲程时再吸入各缸汽缸内。这种喷射系统也常称为节气门体喷射系统或中央喷射系统。

单点喷射系统的性能低于多点喷射系统，但其优点为结构简单，成本低，故障率低，发动机维修方便。在20世纪90年代时，一般小排气量轿车及载货汽车曾广泛采用。

8. 多点喷射系统是在每个汽缸进气门附近的进气歧管上安装一个喷油器，喷出汽油与空气混合，在进气冲程时再吸入汽缸内。

由于各缸间混合气分配平均及混合均匀，且设计进气歧管时可充分利用空气惯性的增压效果，故可得高输出。

9. 连续喷射式燃油供给系统又称为稳定喷射系统，是在发动机运转期间连续喷射汽油。连续喷射都是喷入进气歧管内，而且大部分的汽油是在进气门关闭时喷射的，因此大部分的汽油是在进气歧管内蒸发。由于连续喷射系统不需要考虑发动机的工作顺序及喷油时机，故控制系统较简单。

10. 间歇喷射式燃油喷射系统又称为脉冲喷射。喷射是以脉冲方式在某一段时间内进行，因此有一定的喷油持续期间。

间歇喷射的特点是喷油频率与发动机转速同步，且喷油量取决于喷油器的开启时间(喷油脉冲宽度)，故ECM可根据各传感器所获得的发动机运转参数动态变化的情况，精确计量发动机所需喷油量，再由控制脉冲宽度而得到各种工作状况的空燃比。由于间歇喷射方式的控制精度较高，故被现代集中控制系统所广泛采用。

11. 箱内式电动汽油泵的结构由油泵、电机及释放阀、单向阀等所组成。电机旋转时，带动叶轮一起转动，将汽油从进油口吸入，经单向阀压出。油压过高时，释放阀打开泄压，以保护燃油分配管；汽油泵停止转动时，单向阀关闭，以保持油路一定的残压。

12. 发动机所需的汽油喷射量，是由ECM控制喷油器的通电时间来实现的。若不控制汽油压力，即使喷油器的通电时间一定，在汽油压力高时，汽油喷射量会增加；而在汽油压力低时，汽油喷射量则减少，故喷射压力必须维持在一个常压。为了获得精确的喷油量，因此利用压力调节器，使油压与进气歧管真空相加的汽油压力保持在恒定值。

13. 汽油压力是由压力调节器维持在与进气歧管真空有关的一定范围内。但在汽油喷射时，油管内的压力会有轻微的脉冲，装在汽油共轨上的汽油脉冲缓冲器就是用来吸收此脉冲，并可降低噪声。

14．空气流量计又称为空气流量传感器，用来计测发动机的进气量，将信号送给ECM，配合发动机转速，以决定基本喷射量。安装在空气滤清器与节气门体之间。

15．翼板式空气流量计的缺点有：

（1）由于有缓冲室等部件，整个传感器所占空间大，重量增加，不符合小型轻量的原则。

（2）翼板增加进气道的阻力，使容积效率降低。

（3）依靠机械动作后才能输出信号，反应性较差。

（4）长时间使用后易积污垢。

16．热线式空气流量计，是由白金制的热线、温度补偿电阻、电子电路及防护网等所组成。可分为将冷线及热线置于主进气道和将冷线及热线置于旁通道两种。

电流流入来加热热线，因为热线是置于气流中，空气流过会带走热线的热量，而使热线冷却。此时，热线式空气流量计内的电子电路控制电流量，使热线温度保持一定；因此空气流量多时，带走的热量增加，送给热线的电流量必须加大，电流量的变化，即相当于吸入空气量的变化。将电流量的大小转换为电压的变化，送给ECM，即可算出进气量。由于吸入空气的温度会变化，而使热线冷却的程度发生差异，因此电路中必须有温度补偿电阻，来感测进气温度的高低，以修正所检测进气量的误差。

热线式空气流量计的优点为小型、重量轻及进气阻力小，采用很普遍；但热线会附着污物为其缺点，因此在发动机熄火数秒钟后，由ECM控制，使热线通电1~2s，来烧除污物。

17．卡门涡流式空气流量计的优点有：

（1）空气通道结构简化，能降低进气阻力。

（2）传感器送出的是数字信号，ECM可直接处理。

（3）不同的空气流量下，均能提供精确的输出信号。

（4）无运动零件，耐久性好。

18．在均匀气流的中间放置一个圆柱体或三角柱，圆柱体或三角柱又称为涡流产生器，当气流通过涡流产生器后，在其下游会产生旋转方向相反的涡流，称为卡门涡流。卡门涡流的频率与空气流速成正比，因此侦测卡门涡流产生的频率，即可知道空气的流量。

卡门涡流的侦测方法有很多种，但最常见的是超声波式与光学式两种。

19．与化油器式相比较，电子控制汽油喷射系统的优点：

低油耗；低排气污染；较高扭矩及功率输出；低温起动性良好；发动机热车性能良好；汽车加速性能良好。

20．节气门位置传感器的作用是用来检测节气门开度，将电压信号送给ECM，以控制对应节气门开度的各种作用。节气门位置传感器装在节气门体旁，由节气门轴带动，使传感器内的触点开、闭，或使可动点在电阻上移动。

21．歧管绝对压力传感器常简称为MAP传感器，用来计测进气歧管压力，将压力信号与发动机转速信号送给ECM，来间接求出发动机的进气量。MAP传感器是压力传感器的一种，也可称为真空传感器或负荷传感器。其安装在节气门之后的进气总管上。

22．半导体材料制成的硅膜片，厚约3mm，分隔成上、下两室，上室接进气歧管，下室为真空。所谓压阻式，表示当材料因压力而变形时，其电阻会发生变化。当从进气歧管来的压力发生改变时，硅膜片弯曲，使半导体材料的电阻发生变化。计算机提供5V参考电压在硅膜片的一端，当电流流过硅膜片时，根据变形量的大小，电压降也随之改变，从硅膜片另一端输出，经滤波电路后送入电脑。

23．电子控制系统是由发动机控制模块、各传感器与各执行器所组成。由各传感器侦测发动机的各种状况，将信号送给ECM，由ECM进行各种不同的控制作用。

24．ECM接收曲轴位置传感器、爆震传感器、空气流量计、冷却水温度传感器、节气门位置传感器、车速传感器、氧传感器等信号，进行喷射正时与喷油量控制、点火时间控制、怠速转速控制、汽油泵控制、加速期间空调控制、EGR阀与EVAP活性炭罐清除控制等。

25．曲轴位置传感器的信号送给ECM，用来判定活塞在上止点位置，判别指定的汽缸，使点火线圈的一次电流适时切断以产生高压电，以及求出发动机转速等。通常一个曲轴位置传感器具有以上各种功能中的一个或两个。曲轴位置传感器常装在分电器内，或装在曲轴的前、后端，也有装在凸轮轴上的。曲轴位置传感器的种类：电磁式、霍尔效应式、光电式。

26．发动机冷却水温度传感器是用来侦测冷却水的温度，因电阻变化的不同电压信号送给ECM，进行对喷油量、点火时间、怠速转速等许多项目的修正或控制。发动机冷却水温度传感器，常简称为水温传感器，是汽油喷射控制系统的一个很重要的信号来源。传感器通常是装在靠近节温器外壳的冷却水通道上。

27．爆震传感器在发动机将要产生爆震时，将震动转变为电压信号，送给ECM，来延迟点火时间，避免发动机产生爆震。直列四缸发动机只有一个爆震传感器时，是装在第二、三缸的中间；若是有两个时，则分别装在1、2缸及3、4缸的中间。

28．氧传感器是用来检测排气中的氧浓度，将电压信号送给ECM，以修正喷油量，将供应给发动机的空燃比控制在理论空燃比附近的狭小范围内，使三元催化转换器对CO、HC与NOx的净化比率保持在最佳状态。在电脑内设定有一比较电压，约为0.5V，以判定混合比的稀浓。与从氧传感器送来的信号电压比较，当信号电压比较高时，电脑判定供应的混合气比理论混合比浓，故计算机控制喷油器的通电时间缩短，使汽油喷射量减少，混合比恢复到理论空燃比附近。

29．电脑内部的结构是由微处理器芯片、定时器集成电路、输入接口芯片、输出接口芯片、输出驱动器、放大芯片、存储器芯片及线束插座与外壳所组成。

电脑内各主要零件的基本功能：

参考电压调节器的作用提供较低的稳定电压给电脑及传感器，常见的参考电压值为5V。

放大器的作用是提高传感器输入信号的电压，以供电脑使用。

转换器是将传感器的模拟信号转换成为数字信号以供电脑使用；或将电脑的数字信号转为模拟信号，以供执行器作用。

微处理器又称中央处理单元，是IC芯片，替电脑做计算或决定。

存储器的功能是IC芯片，替微电脑储存数据或程序，并可写入数据。

时钟又称定时器，IC装置产生一定的脉冲率，以调谐计算机的作用。

输出驱动器即功率晶体管，利用电脑输出的小电流转换为大电压与电流输出，使执行器作用。

印刷电路板的作用是连接各零件及保持定位。

线束插座的作用是与传感器、执行器及其他电脑连接。

金属外壳的作用是保护各电子零件。

30．是指发动机在运转时，各缸喷油器同时开启且同时关闭，由电脑的统一指令控制所有喷油器同时动作。

同步喷射用于年份较旧的发动机上，及现代新型发动机在冷车起动或系统故障时，也有采用所有喷油器同步喷射的方式。根据设计的不同，通常以曲轴旋转360°各缸喷油一次最常见。同步喷射式系统简单，但发动机反应性较差。

31．分组喷射是将喷油器根据发动机每个工作循环分成若干组，交替进行喷油作用，常用在缸数较多的发动机。分组喷射常分成2组、3组或4组，根据缸数而定。

32．顺序喷射是指喷油器根据发动机的点火顺序依序进行喷射，是由ECM根据曲轴位置传感器的信号，来判断各缸的进气冲程，适时送出各缸的喷油脉冲信号。

现代汽车发动机采用顺序喷射非常普遍，曲轴转角720°内，各缸按照点火顺序喷油一次，各缸都在排气冲程后半段进气冲程之前喷油。虽然系统较复杂，但燃料雾化良好，发动机的反应性好。

33．质量流量方式，是以发动机转速与进气量为基础，而速度密度方式，是以发动机转速与进气歧管负压为基础，配合各种运转状态，将最适当的基本喷射时间记忆在ECM中，以进行最适当的基本喷射量控制。

34．以记忆在ECM中的基本喷射时间为准，再根据各传感器的信号进行修正，来决定出配合所有状况及运转条件的最适当喷射时间，向喷油器输出电压脉冲，以喷射汽油。

修正项目包括：

起动时与起动后增量；暖车时增量；暖车时加速增量；热车时加速增量；减速时减量；全负荷时增量；进气温度修正；电压修正；空燃比反馈修正。

35. ECM依据发动机进气量及转速，以决定基本的点火提前角度，储存在ECM中。再根据节气门位置传感器、水温传感器、爆震传感器等各信号，修正点火时间，由ECM决定最理想的点火正时，使发动机在动力输出、汽油消耗及排气污染等各方面能有极好的表现。

36. 低温时修正：根据水温传感器信号，在低温时，ECM使点火提前，以保持低温运转性能。

高温时修正：根据水温传感器及进气温度传感器，在高温时，ECM使点火延后，以免产生爆震及过热。

怠速时修正：为保持怠速稳定，ECM在怠速时会不断侦测转速的平均值，若怠速低于目标转速时，ECM会使点火角度提前一个预设值；反之，ECM会使点火角度延迟一个预设值。

爆震时修正：发生爆震时，ECM根据爆震的强弱使点火时间延迟多或少，以免爆震情形发生，以保护发动机。

换挡时修正：自动挡汽车，在向上或向下换挡时，延迟点火时间，降低发动机转矩，以减少换挡振动。

37. 怠速控制的修正项目包括起动时及起动后修正；暖车时修正；车辆长期使用后修正；电器负荷时修正；换挡杆在N、P以外位置时修正；动力转向时修正；空调时修正。

38. ECM随时侦测系统的输入、输出信号，当信号超出标准值时，故障码储存在存储器中，仪表板上检查发动机警告灯也会点亮，警告驾驶车辆已经发生故障，检查发动机警告灯现在常称为不良功能指示灯。

39. 当ECM的自我诊断功能侦测到任一传感器或执行器故障时，ECM将不理会此不良信号，该项目就由预先储存在存储器中的设定值来取代，让发动机能继续保持运转，故障安全功能又称为跛行回家或跛行模式，让车辆能以低速或较小动力行驶至修理厂检修。但如果产生的故障可能发生严重后果，如点火信号异常，三元催化转换器可能因未燃混合气而过热，及涡轮增压压力信号异常，可能造成涡轮或发动机受损时，故障安全功能会使汽油喷射停止，发动机熄火，此时汽车无法行驶。

40. 备用功能是一个独立的备用系统。当ECM内部的CPU发生故障时，原有的控制程序会切换为备用IC控制，以预设值控制点火正时及汽油喷射量等，让发动机以基本功能维持运转。

五 看图填空

1.1-空气流量计；2-喷油器；3-进气管；4-ECU

2. 1-压力传感器；2-进气管；3-喷油器；4-ECU

3. 1-节气门位置传感器；2-进气管；3-喷油器；4-ECU

4. 1-喷油器；2-冷车起动喷油器；3-压力调整器；4-暖车调节器；5-空气流量计；6-汽油泵；7-汽油蓄压器；8-空气阀

5. 1-电动汽油泵；2-汽油蓄压器；3-汽油滤清器；4-主压力调节器；5-汽油分配器；6-空气流量传感器；7-辅助空气阀；8-喷油器；9-冷车起动阀；10-氧传感器

6. 1-氧传感器；2-点火线圈（附点火器）；3-空气滤清器；4-空气流量计；5-冷车起动喷油器；6-喷油器；7-汽油泵

7. 1-汽油泵；2-汽油滤清器；3-喷油器；4-冷车起动喷油器；5-压力调节器

8. 1-喷油器；2-空气阀；3-空气流量计

9. 1-汽油泵；2-汽油滤清器（高压端）；3-压力调节器；4-电磁阀；5-热膜式空气流量计；6-空气滤清器；7-EGR控制阀；8-怠速空气控制阀；9-氧传感器；10-三元催化转换器；11-活性炭罐

10. 1-喷油器；2-燃油共轨；3-压力调节器

11. 1-单向阀；2-释放阀；3-电机；4-油泵

12. 1-燃油共轨；2-冷车起动喷油器；3-汽油滤清器；4-电动汽油泵；5-喷油器；6-压力调节器

13. 1-阀门；2-接气歧管负压；3-弹簧室；4-膜片；5-接燃油共轨

14. 1-隔热垫圈；2-喷油器；3-燃油共轨；4-进气歧管

15. 1-电磁线圈；2-插头；3-滤网；4-针阀

16. 1-空气流量计；2-节气门体；3-进气歧管；4-空气阀或怠速空气控制阀

17. 1-节气门总成；2-空气滤清器；3-MAF传感器

18. 1-怠速混合比调整螺栓；2-计测板；3-怠速空气旁通道；4-进气温度传感器；5-电位计；6-缓冲室；7-补偿板

19. 1-回火防护网；2-热线；3-温度补偿电阻（冷线）；4-滤网

20. 1-整流管；2-涡流产生器；3-信号发射器；4-超音波信号；5-转换电路；6-信号接收器；7-旁通道

21. 1-涡流产生器；2-LED；3-光敏二极管；4-反射镜

22. 1-喷油器；2-进气总管；3-歧管绝对压力传感器；4-空气滤清器；5-空气阀

23. 1-空气质量计；2-发动机转速传感器；3-节气门控制部件；4-爆震传感器；5-发动机控制单元；6-喷油器；7-带输出驱动级的点火线圈组件；8-电动燃油泵

24. 1-曲轴；2-磁极；3-拾波线圈；4-转子；5-凸齿

25. 1-光纤；2-发光二极管；3-光敏晶体管；4-圆盘

26. 1-大气；2-大气侧（内侧）白金电极；3-氧化锆；4-排气侧（外侧）白金电极；5-陶瓷

单元6 柴油机燃料供给系统

一、判断题

1. ×（大）；2. √；3. √；4. ×（最低值有限制）；5. √；6. ×（直径越小）；7. √；8. ×（喷得越远）；9. ×（穿透力越大）；10. √；11. √；12. √；13. √；14. ×（可以用垫片或螺栓调整）；15. ×（全速调速器）；16. √；17. √；18. √；19. √；20. ×（给喷油泵提供低压柴油）；21. √；22. √；23. ×（增加）；24. ×（只有在全负荷低速，推杆碰到熄火杆才会发生作用）；25. ×（仅能在发动机起动时使用）；26. √；27. ×（置于燃油泵与喷油泵之间）

二、选择题

1. A；2. C；3. A；4. C；5. B；6. D；7. B；8. C

三、填空题

1. 润滑性；2. 发火性、低温流动性、蒸发性、化学安定性、防腐性、适当的黏度；3. 十六烷值；4. 柴油蒸发气化的能力、馏程、闪点；5. 闪火的温度、蒸发性；6. 凝点、冷滤点；7. 失去流动性开始凝固时的温度、最高温度、高4~6℃；8. 稀稠度、流动性；9. 减小、增强、增大、减弱；10. 喷油泵、喷油器、调速器、燃油箱、输油泵、油水分离器、燃油滤清器、喷油提前器；11. 喷油压力、喷油孔直径；12. 越小、越小；13. 喷油压力、柴油相对密度、喷油孔直径；14. 越大、越大、越大；15. 发动机最高转速、制动平均有效压力、制动平均有效压力；16. 喷油泵凸轮轴上飞重的离心力；17. 发动机进气管压力的变化、喷油泵凸轮轴上飞重的离心力；18. 最低、最高；19. 喷油量、在一定转速下运转；20. 文氏管总成、膜片组；21. 从油箱吸出送入喷油泵、1.6kg/cm²；22. 初次滤清器、主滤清器、磁性滤棒；23. 初次滤清器、燃油泵、主滤清器、喷油泵、喷头架；24. 喷射开始压力、螺栓调整式、垫片调整式；25. 线列式喷油泵、分配式喷油泵、高压分配式喷油泵、单独喷油器式、各缸油泵独立式；26. 电子调速器式（+机械式正时器）、电子正时器（+机械式调速器）、电子调速器式与电子正时器式、预冲程电子控制式（+机械式调速器）；27. 低压柴油共轨式、高压柴油共轨式

四、简答题

1. 为了保证高速柴油机正常、高效的工作，轻柴油应具有良好的发火性、低温流动性、蒸发性、化学安定性、防腐性和适当的黏度等诸多的使用性能。

（1）发火性指柴油的自燃能力，用十六烷值评定。柴油的十六烷值大，发火性好，容易自燃。

（2）蒸发性指柴油蒸发气化的能力，用柴油馏出某一百分比的温度范围即馏程和闪点表示。例如，50%馏出温度即柴油馏出50%的温度，此温度越低，柴油的蒸发性越好。

（3）低温流动性用柴油的凝点和冷滤点评定。凝点是指柴油失去流动性开始凝固时的温度。而冷滤点是指在特定的试验条件下，在1min内柴油开始不能流过过滤器20ml时的最高温度。

（4）黏度是评定柴油稀稠度的一项指标，与柴油的流动性有关。黏度随温度而变化，当温度升高时，黏度减小，流动性增强；反之，当温度降低时，黏度增大，流动性减弱。

2. 柴油机燃油供给系包括喷油泵、喷油器和调速器等主要部件及燃油箱、输油泵、油水分离器、燃油滤清器、喷油提前器和高、低压油管等辅助装置。

在适当的时刻，将一定数量的洁净燃油增压后以适当的规律喷入燃烧室。各缸的喷油定时和喷油量相同且与柴油机运行工况相适应。喷油压力、喷注雾化量及其在燃烧室内的分布与燃烧室类型相适应。在每一个工作循环内，各汽缸均喷油一次，喷油次序与汽缸工作顺序一致。根据柴油机负荷的变化自动调节循环供油量，以保证柴油机稳定运转，尤其是稳定怠速，限制超速。储存一定数量的燃油，保证汽车的最大续驶里程。

3. 喷油嘴的功用是将柴油完全雾化，并均匀分配到整个燃烧室，与汽缸中被压缩的空气充分混合，以获得良好的燃烧。

喷油嘴的种类按照喷油孔的开闭可分为开式和闭式；按照喷油嘴的形状可分为针式和孔式；按照喷油嘴弹簧数可分为单弹簧式和双弹簧式。

4. 闭式喷油嘴有一根针阀，受弹簧的力量，经常将喷油孔关闭，而不与汽缸相通，唯有在喷油泵送来的高泵油，克服弹簧力量时，针阀才升高，使喷油孔打开，柴油喷入汽缸中。

闭式喷油嘴使用最普遍，型式也最多。一般分为孔型与针型两大类。

5. 孔式喷油嘴的针阀为圆锥形，不露出喷油孔外。喷油嘴本体上的喷孔分为单孔与多孔两种，单孔喷油嘴的喷油孔位于喷油嘴本体中心或偏在一边；多孔喷油嘴的喷油孔可多至12孔。喷油孔数量及喷雾角度依燃烧室的设计及燃料分布的需要而定。

喷油孔直径与孔长影响喷雾形状及燃料贯穿深度，孔式喷油嘴的喷油孔直径自

0.2mm起，每相差0.05mm为一型，用S、T、U、V、W等字母来区别。

在发动机空间过于狭小，不能装用标准孔式喷油嘴，或为减小喷油嘴的受热面积，故使用长杆孔式喷油嘴。

孔式喷油嘴多使用于直接喷射式发动机，其喷射开始压力为150～300kg/cm²。

6. 针型喷油嘴在针阀的下端有一比喷油孔还要细小的圆柱形状的针尖，塞在喷油孔中。不喷油时，针尖突出喷油嘴体外，改变针尖的形状及尺寸，即可得到所希望的喷雾角度。由于针尖经常在喷油孔上下运动，所以能防止喷油孔被炭粒阻塞。针型喷油嘴的喷雾角度，需要与燃烧室形状相配合，以获得良好的燃烧。喷雾角度大，散布油雾面积宽广，但贯穿力较弱；喷雾角度小，散布油雾面积狭小，但喷射距离较远。

根据针阀的粗细、针尖的形状及不同的喷雾角度，将针型喷油嘴分为S、T、U、V、W等型。

7. 节流型喷油嘴，是针型喷油嘴针阀改良的一种形式，又称为延迟型喷油嘴。其针阀较长，喷油孔道也较长，针阀在喷油孔道上移动，以先少后多，来控制喷油量。喷射初期时针阀先上升一点点，柴油经过的间隙狭长，仅容许少量的柴油通过，以作为预喷射（引燃喷射）；随后油压渐渐升高，针阀往上提升，喷油孔道间隙变大，喷油量增加，发生主喷射，喷出大部分的柴油。如此，使喷射开始的着火迟延时期喷出少量燃料，以减少累积的柴油造成笛赛尔爆震，使发动机运转平稳。节流型喷油嘴一般使用在预燃室式发动机上，其喷射开始压力为8～12MPa。

8. 双弹簧式喷油嘴的结构，是由两只压力弹簧、两支压力销、调整垫片及孔式喷油嘴等组成，第一与第二压力销之间形成一间隙，使柴油分两段喷射，此间隙称为预举间隙，其冲程称为预举冲程。

一般喷油嘴通常使用一只弹簧，但有部分喷油嘴使用两只弹簧，也称做两段式喷油嘴。利用预举冲程的少油量喷射，使爆震减小，提高乘坐的舒适性；并在低负荷时，因针阀开启压力的降低，改善喷射稳定性，使怠速稳定。

9. 喷油嘴架的功用，将喷油嘴安装于发动机，并将柴油引入喷油嘴，同时可用来调整喷射开始压力。

喷油嘴架的型式，凸缘固定式是用螺栓将喷油嘴架固定在汽缸盖上，必须有较大的空间以供安装，多用于大型柴油发动机。而螺栓锁入式是以喷油嘴架上的螺牙直接锁入汽缸盖固定，安装简单，常用于小型柴油发动机。

10. 喷油泵的基本工作原理，是利用柱塞组等使燃料压力提升，适时喷入汽缸内，使之与高温压缩空气均匀混合，着火燃烧以产生动力。

11. 调速器的功用是自动控制发动机的转速，以保持怠速的稳定，及限制发动机的最高转速等。

调速器的种类按构造分真空调速器、离心力调速器、真空离心复合调速器、液压式调速器；按功能分怠高速调速器、全速调速器、等速调速器、综合调速器。

12. 真空调速器是利用发动机进气管节气门附近压力的变化进行调速作用的调速器，又称气力式调速器。此式调速器结构简单，作用灵敏，在各种速度下，均能产生调速作用，为全速调速器，用M字代表。

13. 全速调速器不但能控制最低转速与最高转速，而且能控制从怠速到最高限制转速范围内，任何转速下的喷油量。在某一转速下能使喷油量与发动机负荷情况密切配合，又称变速调速器。全速调速器用V字代表。

14. 怠速辅助弹簧的功用是发动机高速时，真空较弱，为使调速器敏感起见，主弹簧的弹性系数较小，故甚柔软，而怠速时的压力差远大于主弹簧的弹力，故无法控制转速上较小的变动，因此使发动机发生忽快忽慢的现象。为防止发动机在怠速时忽快忽慢的现象，调速器中另装一只弹性较强的怠速辅助弹簧，使发动机怠速稳定。

15. 柱塞式喷油泵的特性为在同一齿杆位置时，柱塞每冲程的输出量，在转速上升时，漏油机会减少，故输出量随转速上升而增多；但四冲程发动机每循环吸入汽缸内的空气量，因进气阻力的影响，随发动机转速的上升而减少。若以发动机高速时为基准调整其最大喷油量，则低速时会发生空气过剩率过大，即喷油量不足的现象，造成热效率降低，扭矩及功率减少。反之，以发动机低速时为基准调整其最适当的喷油量，则当发动机转速上升时，空气过剩率减小，不能获得完全燃烧，而排出黑烟。

等量装置是为改善这种现象而设计的，使发动机在全负荷任何转速范围内，经常能保持吸入空气量与喷油量的适当比例；且这种装置，也能作为低速时增加扭矩用。等量装置只有在全负荷低速，推杆碰到熄火杆(或称全负荷止动杆)时，才会发生作用，减少喷油；推杆离开熄火杆时，则不产生作用。

16. 一般车用柴油发动机为确保柴油的清洁，常使用两个以上的滤清器，初次滤清器的滤孔较大，置于燃油泵与油箱之间，做粗滤用；二次或主滤清器的滤孔较细，置于燃油泵与喷油泵之间，做精滤用。此外还有一滤棒安装在喷油嘴的进油管中，滤棒有磁性，能将燃料系机件磨损的铁粉吸住，以保护喷头。

17. 柴油滤清器分为：并联式柴油滤清器、串联式柴油滤清器和普通式柴油滤清器。

普通式柴油滤清器：又称标准式柴油滤清器，为最常见的一种。滤芯用滤纸、滤布或金属薄板重叠而成，一般使用滤纸较多。新式滤清器使用整体式，更换时滤芯与外壳一起换掉。

串联式柴油滤清器：是将两个滤清器串联，前面的滤清器先将粗大的杂质过滤，粗滤过的柴油再经过后面的滤清器加以精滤。

并联式柴油滤清器：是将两个相同的滤清器接在同一根进油管与同一根出油管上，两个滤清器都兼做粗滤与精滤用。

18. 电脑控制柴油喷射系统的优点为：

低油耗、低污染、高扭矩、高输出、低噪声、低温起动性佳、加速反应灵敏、优异驾驶性能、具自我诊断、故障安全及备用等功能。

19．电子控制PE型线列式喷油泵柴油喷射系统由齿条冲程、泵速、柴油温度等传感器，ECM与齿杆执行器等所组成。

20．输油泵将柴油从燃油箱内吸出，经滤清器滤去杂质，进入喷油泵的低压油腔，喷油泵将燃油压力提高，经高压油管至喷油器喷入燃烧室。喷油器内针阀偶件间隙中漏泄的极少量燃油和喷油泵低压油腔中过量燃油，经回油管流回燃油箱。

五 看图填空

1. 1-柴油滤清器；2-喷油器；3-压力传感器；4-涡轮增压器；5-油泵

2. 1-滤棒；2-溢流管；3-喷油嘴弹簧；4-推杆；5-针阀

3. 1-喷油嘴架体；2-调整垫片；3-压力弹簧；4-压力销；5-针阀

4. 1-压力销；2-喷油嘴体；3-针阀；4-进油道；5-压力室；6-喷孔

5. 1-喷油嘴架；2-装合螺母；3-套圈；4-喷油嘴

6. 1-压力销；2-喷油嘴体；3-针阀；4-压力室；5-喷油孔；6-针尖；7-进油道

7. 1-回油；2-进油；3-喷油嘴架；4-第一压力弹簧；5-针阀；6-第一压力销；7-第二压力销；8-第二压力弹簧

8. 1-最大上升量；2-预举间隙；3-第二压力销；4-第一压力销；5-针阀

9. 1-喷油嘴架；2-进油口；3-滤棒；4-回油管接头；5-调整垫片；6-压力弹簧；7-推杆；8-喷油嘴

10. 1-真空室；2-大气压室；3-膜片；4-主弹簧

11. 1-熄火杆；2-膜片；3-等量弹簧；4-怠速弹簧；5-主弹簧；6-膜片室

12. 1-主弹簧；2-大气侧；3-膜片；4-等量装置；5-齿杆；6-熄火杆；7-怠速辅助弹簧

13. 1-主弹簧；2-膜片；3-齿杆；4-熄火杆；5-全负荷限制螺钉

14. 1-折叠滤芯；2-放气螺栓；3-固定螺栓；4-滤清器体；5-加油塞；6-滤芯（粗滤）

15. 1-供油泵；2-柴油滤清器；3-喷油器；4-压力传感器；5-ECM；6-涡轮增压器；7-齿杆作动器；8-泵速传感器

16. 1-齿杆；2-复位弹簧；3-电磁线圈；4-执行器；5-泵速传感器

单元7 润滑系统

一 判断题

1. ×（同时标示SAE与API两种规格）；2. ×（越小越好）；3. √；4. √；5. ×（表示机油品质）；6. √；7. √；8. √；9. ×（油压将旁通阀推开，机油经旁通阀直接送出）；10. √；11. ×（上限）；12. √；13. √；14. √；15. ×（越大）；16. √；17. √；18. ×（SAE表示美国汽车工程学会，API表示美国石油协会）；19. ×（在一定压力范围内）；20. ×（正时链条）；21. ×（加到机油尺上限与下限之间）；22. ×（不可重复使用）；23. √；24. √；25. √；26. √；27. ×（降低）；28. √；29. √；30. √；31. ×（是偏心的，同向转动）；32. ×（多一个）；33. √

二 选择题

1. B；2. D；3. B；4. A；5. D；6. B；7. B；8. C；9. D；10. B；11. A；12. A；13. C；14. A；15. B；16. C

三 填空题

1. 润滑、密封、冷却、清洁、缓冲、减振；2. 压力润滑、飞溅润滑、润滑脂润滑；3. 机油泵、机油滤清器、机油冷却器、油底壳、集滤器、润滑油管道；4. 越大、越小、越低、升高；5. 分离；6. 齿轮式、转子式、摆动式；7. 泵体、泵盖、主动齿轮、从动齿轮、释放阀；8. 机油压力调节阀、200～400 kPa；9. 泵体、泵盖、机油滤网、释放阀、内转子、外转子；10. 5000；11. 泵体、内转子、外转子、泵盖、释放阀；12. 外壳、滤芯、旁通阀、单向阀；13. 上限与下限之间、上限；14. 点亮、熄灭；15. 压力润滑、飞溅润滑

四 简答题

1. 润滑系统的功能：润滑、密封、冷却、清洁、缓冲及减振等功能。
润滑系统的润滑方式有以下三种。
（1）压力润滑：压力润滑是以一定的压力把润滑油供入摩擦表面的润滑方式。

这种方式主要用于主轴承，连杆轴承及凸轮轴承等负荷较大的摩擦表面的润滑。

（2）飞溅润滑：利用发动机工作时运动件溅泼起来的油滴或油雾润滑摩擦表面的润滑方式，称飞溅润滑。该方式主要用来润滑负荷较轻的汽缸壁面和配气机构的凸轮，挺柱，气门杆以及摇臂等零件的工作表面。

（3）润滑脂润滑：通过润滑脂嘴定期加注润滑脂来润滑零件的工作表面，如水泵及发电机轴承等。

2. 为了实现润滑系统的功用，汽车发动机润滑系统由下列零部件组成。

（1）机油泵：其功用是保证润滑油在润滑系内循环流动，并在发动机任何转速下都能以足够高的压力向润滑部位输送足够数量的润滑油。

（2）机油滤清器：它用来滤除润滑油中的金属磨屑，机械杂质和润滑油氧化物。

（3）机油冷却器：在热负荷较高的发动机上装备有机油冷却器，用来降低润滑油的温度。

（4）油底壳：它是用来存储润滑油的容器。

（5）集滤器：它是用金属丝编造的滤网，是润滑系的进口，用来滤除润滑油中粗大的杂质，防止其进入机油泵。

3. 机油的黏度以SAE(美国汽车工程学会)的编号来表示，号码越大，表示机油的黏度越大，普通分为0W、5W、10W、15W、20W、25W、20、30、40、50、60等十一级。

早期的机油，称为单级机油，如最常用的SAE 30与SAE 40两种，因适用的温度范围窄，已无法达到现代发动机的需求。

现代发动机均采用复级机油，其SAE编号有很多种，如5W40、10W40、20W50、5W50等。这种机油低温时的流动性好，高温时的黏性好，能适用于广大的温度范围，可四季通用，编号中的W，是源自Winter(冬天)的W字母，W前面的数字，表示机油在低温时的黏度，W后面的数字，则表示机油在高温时的黏度。

4. API服务分类，是用来表示发动机机油品质的方法。从1972年开始，美国石油协会(API)将汽油发动机用机油分成SA、SB、SC、SD、SE等五级。

接着API服务分类又陆续增加SF、SG、SH、SJ及SL级，其中SL级为2001年7月经API认证发表的规格。

5. SL适用现行的汽油发动机；SE适用2001年及更早的汽油发动机；SH适用1996年及更早的汽油发动机；SG适用1993年及更早的汽油发动机；SF适用1988年及更早的汽油发动机；SJ适用1979年及更早的汽油发动机。

6. 机油泵由曲轴、凸轮轴或正时皮带驱动，将油底壳内机油经机油滤网吸出，压经机油滤清器，进入发动机体的主油道内。机油滤网做粗滤用，而机油滤清器做细滤用。

主油道内的机油先至主轴颈润滑，经曲轴内油道后，再到连杆轴颈润滑，然后再从连杆大头喷油孔喷出，润滑活塞、活塞销、活塞环及汽缸壁。

另一方面，主油道的机油向上进入汽缸盖，来润滑凸轮轴、气门摇臂总成及气门等。

现代发动机采用正时链条的，机油也送至该处喷出，来润滑正时链条及链轮。

所有至各部位润滑过后的机油，均滴回油底壳，以备持续循环润滑用。

7. 转子式机油泵由泵体、泵盖、机油滤网、释放阀、内转子、外转子等组成。此式结构简单，体积及噪声小，以往小型车采用最多。

内转子的齿数比外转子少一齿，内转子与泵体偏心安装，当内转子驱动外转子转动时，内、外转子齿与齿的空间发生由小变大，再由大变小的运动，而产生吸、送油作用。

8. 机油从滤芯的外围进入，经滤芯过滤后，从滤清器的中央送出，当滤芯堵塞时，油压将旁通阀推开，机油经旁通阀直接送出；当发动机熄火时，单向阀关闭，避免机油逆流，以防止主油道油压迅速降低；且可避免滤芯外围的污泥流回机油泵。

9. 机油滤清器是由外壳、滤芯、旁通阀及单向阀等组成。

其功用主要是过滤因机件摩擦产生的金属粉，及汽油、机油燃烧后混入机油中的炭粒、油泥等，以减少机件的磨损，延长发动机的使用寿命。

10. 各种形式的机油泵内，都设有释放阀，当发动机转速高时，油压将释放阀推开，部分机油回到机油泵的进油端，以免出油端油压太高。调节后的油压约为 200～400 kPa，故释放阀也称为机油压力调节阀。

11. 将汽车停放在平坦的路面上，使发动机熄火一段时间后或在起动前，取出机油标尺擦干，再放回原位，重新取出后查看油尺上油面的高度。

如果油量过多，将造成机油激溅加剧，机油窜入燃烧室，造成浪费和产生积炭。如果油量过少，则润滑油的供应不足，使油温升高，影响润滑效果，甚至引起烧瓦、抱轴、拉缸等。

五 看图填空

1. 1-机油滤网；2-机油泵；3-机油滤清器；4-机油压力开关；5-主油道；6-油底壳

2. 1-释放阀；2-从动齿轮；3-主动齿轮；4-泵体

3. 1-外转子；2-内转子；3-驱动轴；4-释放阀；5-机油滤网

4. 1-释放阀；2-外转子；3-内转子

5. 1-泵盖；2-外转子；3-内转子

6. 1-滤芯；2-止回阀；3-外壳；4-旁通阀

单元8 冷却系统

一、判断题

1.√；2.√；3.√；4.×（密度大于水）；5.×（含量越高越好，热传导系数会越低，也就是不利于散热）；6.×（快）；7.×（后面）；8.√；9.×（齿型皮带比V型皮带传动效率高，噪声低）；10.×（常用铜或铝材制成）；11.√；12.√；13.√；14.×（吸经水箱）；15.√；16.√；17.×（保持在规定温度范围内）；18.√；19.√；20.×（不可以）；21.√；22.√；23.×（调节水箱内液位）；24.√；25.×（控制冷却液的流量及流向）；26.√；27.√；28.√；29.×（功用是保证发动机在最适宜的温度下工作）；30.√；31.√；32.√；33.×（温度高时实现大循环，温度低时实现小循环）；34.√；35.√

二、选择题

1. C；2. B；3. C；4. A；5. D；6. B；7. B；8. A；9. B；10. A；11. A；12. C；13. C；14. C；15. A；16. C；17. C；18. A；19. A；20. B；21. B；22. B；23. D；24. D；25. B；26. B；27. A；28. A；29. C；30. C

三、填空题

1. 水冷式、风冷式；2. 节温器；3. 关闭、打开；4. 80～90℃；5. 冰点、沸点、乙烯乙二醇、无色、无臭、毒性低、腐蚀性低；6. 长效冷却液；7. 泵体、泵轴、叶片、轴承、水封；8. 1.2～1.6倍；9. 水箱后面；10. 发动机驱动风扇、电动风扇；11. 成正比；12. 风扇电机、风扇、风扇架；13. 较慢、变快；14. 传动效率高、不打滑、噪声低、V形、齿型；15. 上水箱、下水箱、散热芯、水箱盖、进水口、出水口、纵流式、横流式；16. 压力阀、压力弹簧、真空阀、真空弹簧；17. 增压；18. 流量、流向、蜡式；19. 节温器；20. 节温器、百叶窗、风扇离合器

四、简答题

1. 为使冷发动机发动后，缩短发动机的暖车时间，在冷却水的循环路径上设有节温器，水温低时，节温器关闭，冷却水经旁通道在发动机内循环流动；水温高时，节

温器才打开,大部分冷却水流经水箱冷却,少部分则流经旁通道。

2. 直接驱动式风扇在发动机发动后,风扇永远在转动,不能配合发动机需要,且噪声大、耗油量大,早期冷却系统采用。

3. 水泵皮带轮转动时,使风扇离合器中的主动板转动,根据硅油的黏性及温度使从动板也跟着转动,故驱动风扇随着旋转。发动机温度低时,风扇转速较慢,使暖车时间缩短;发动机温度高时,温度升高使硅油膨胀,主动板与从动板间的阻力变大,故风扇转速变快;但达一定转速后,风扇转速不再增加。

4. 电动风扇的优点为发动机温度低时,风扇不转动,缩短发动机温热的时间,运转噪声小,且不必消耗发动机动力。

5. 横流式储水箱在散热芯子的两端,冷却水以横方向左右流动。水箱横方向尺寸可加长,以降低高度,有利于发动机盖前方高度的缩减,减少风阻系数,现代发动机常采用。

6. 现代汽油发动机所使用的水箱盖均为压力式,以提高冷却水的沸点,使冷却水不易沸腾,同时可以加大水箱冷却水与空气的温度差,提高冷却效率,并且可以减少冷却水的流失。

7. 当冷却水温度上升,体积膨胀时,水箱中的冷却水压入储液箱中;温度降低,冷却水体积收缩时,储液箱中的冷却水被吸回水箱中。如此水箱可以经常保持在满水状态,以维持冷却效果,驾驶人也不必经常检查冷却水量,上水箱也可以做得较小。

8. 蜡式节温器,由支架、轴杆、蜡室、弹簧及阀等组成。其上有一排气孔,在加注冷却水时,可让水套内的空气由此排出。当冷却水的温度低时,蜡为固体,体积小,弹簧的力量将蜡室及阀向上推,关闭汽缸盖水套到水箱的通路。当冷却水的温度上升时,蜡开始溶化成液体,体积膨胀产生压力,压缩合成橡胶,并作用在轴杆上,但因轴杆固定在支架上不能动,其反作用力使蜡室克服弹簧弹力向下移动,而使阀打开,让水套冷却水流往水箱。

9. 当水箱内部压力大于规定值时,压力阀打开,高压气体及冷却水由溢流管流出,或进入储液箱,以防水箱或水管破裂。

当发动机熄火,冷却水温度降低,体积收缩后,水箱内的压力会低于大气压力,此时真空阀打开,使空气或储液箱中的冷却水流回水箱内,以防止水箱或水管塌陷,并保持冷却水量。

10. 为使防冻冷却液能全年使用,在防冻冷却液中添加防锈剂及防腐蚀剂等,称为长效冷却液,是目前使用最多的冷却液。

11. 冷却液在冷却系统中的循环路径为:冷却液在水泵中增压后,经分水管入发动机的机体水套。冷却液从水套壁周围流过并从水套壁吸热而升温;然后向上流入汽缸盖水套,从汽缸盖水套壁吸热之后经节温器及散热器进水软管流入散热器;在散热器中,冷却液向流过散热器周围的空气散热而降温;最后冷却液经散热器出水软管返回水泵，如此循环不已。

12. 当通过水箱的冷却水温度达92℃时，水温开关接通，继电器内线圈通电，使继电器内触点闭合，大电流送给风扇电机，风扇开始转动，使空气吸经水箱冷却；当通过水箱的冷却水温度降低到87℃时，水温开关切断电路，风扇停止转动。

五 看图填空

1. 1-水箱；2-水箱盖；3-风扇；4-水泵；5-节温器；6-水套
2. 1-节温器；2-汽缸盖水套；3-汽缸体水套；4-水泵
3. 1-水泵皮带轮；2-水封；3-叶片；4-泵体
4. 1-水泵皮带轮；2-水泵；3-皮带；4-风扇
5. 1-风扇；2-风扇离合器；3-水泵皮带轮；4-皮带；5-水泵
6. 1-风扇；2-风扇电机；3-风扇架
7. 1-上水箱；2-水箱盖；3-散热芯；4-下水箱；5-放水塞
8. 1-上水箱；2-水箱盖；3-储液箱；4-下水箱；5-放水塞
9. 1-阀；2-支架；3-轴杆；4-蜡室；5-弹簧
10. 1-阀；2-轴杆；3-蜡室；4-弹簧
11. 1-阀；2-轴杆；3-蜡室；4-弹簧

单元9　发动机电气设备

一 判断题

1. √；2. √；3. ×（朝向负极板）；4. ×（正极桩头较粗，负极桩头较细）；5. √；6. ×（绿色圆圈）；7. ×（黑色圆圈）；8. √；9. ×（蒸馏水）；10. √；11. √；12. √；13. ×（控制发电机输出电压）；14. √；15. ×（5°～15°）；16. ×（二次线圈绕组较细，一次线圈绕组较粗）；17. √；18. √；19. ×（产生霍尔电压）；20. √；21. √；22. √；23. ×（不经过外电阻）；24. √

二 选择题

1. D；2. C；3. A；4. D；5. C；6. B；7. A；8. A；9. D；10. B；11. C；12. C

三、填空题

1. 外壳、顶盖、桩头、正极板、负极板、隔板、电解液；2. 过氧化铅(PbO_2)、铅(Pb)；3. 负极板、正极板；4. 较粗、"＋"、较细、"－"；5. 添加蒸馏水、供检验电解液用、爆炸；6. 是否充满电、电解液面高度是否正常；7. 绿色、黑色、透明色；8. 最高液面线与最低液面线之间、蒸馏水；9. $1.26g/cm^3$、$1.28g/cm^3$；10. 电机、超越离合器、电磁开关；11. 电磁感应；12. 电火花；13. 蓄电池、点火开关、起动电机；14. 机械能、电能、发电机、电压调整器、充电指示灯；15. 定子、转子、整流器；16. 三、Y、△；17. 磁极、磁场线圈、滑环；18. 正极板、负极板；19. 5°～15°；20. 电流的大小、输出电压；21. 产生高压电、高压电的配电、点火时间控制；22. 蓄电池、点火开关、点火线圈、分电器、高压线、火花塞；23. 低压电路、高压电路；24. 12V、数万伏特以上；25. 驱动部分、断续部分、点火提前部分、配电部分；26. 离心力点火提前装置、真空点火提前装置；27. 30KV；28. 分火头、分电器盖；29. 0.7～0.8mm、1.0～1.5mm；30. 一；31. 点火提前角

四、简答题

1. 蓄电池的功用为：起动发动机时，供给起动电机摇转发动机所需的大电流；电器用电量超过发电机的输出量时，供应电器所需的电流；发电机输出大于用电量时，将电能转变成化学能在蓄电池储存。

2. 锁住(Lock)：钥匙在此位置才能拔出，也在此位置锁住转向盘轴，使转向盘无法转动。现代自动变速器汽车，换挡杆挂至P挡，钥匙才能拔出。

关闭(Off)：在此位置由点火开关控制的电路均不通，但转向盘可以转动。

附件(Accessories)：在此位置汽车附属电器的电路接通，如点烟器、收音机等，但点火系统不通。不发动发动机听收音机时应开在此位置。

运转(On or Run)：在此位置时点火系统及其他各电器均接通，汽车行驶时开关均在此位置。

起动(Start)：由运转位置顺时针方向转动钥匙，即为起动位置，手指放松时，钥匙自动回到运转位置。在起动位置时，点火系统及起动系统接通以起动发动机。

3. 起动电机是由电机、超越离合器及电磁开关等三大部分所组成。

4. 大电流进入电机本体的作用是使电机产生强大扭矩，驱动发动机转动。

5. 定子线圈连接方法有Y形及△形两种。

Y形接法是将三组定子线圈的尾端连接在一起，此接点称为中性点(N)，另三个端子各连接于整流二极管上。Y形接线法接线简单，容易制造，各端子间的电压较高，低速时的发电特性好，中性点N可以用来做调整器控制，一般汽车的发电机均采

用此式。

　　△形接线法是将各组定子线圈的两端相接串联成一个△形，再将三个连接点，即三角形的顶点，以线引出，接到整流二极管上。△形接线法输出电流较大，一般被输出量大的发电机采用。

　　6. 充电系统的功用是用来提供点火系统及其他电器的用电，并补充蓄电池在起动电动机时所消耗的电能。

　　7. 交流发电机在低速时就要能发出足够的电压，以供汽车电器使用及充电，因此在低速时需以较大的电流供应磁场线圈，以产生强力磁场，使发电机能产生足够的电压；当交流发电机的转速升高后，必须降低流过磁场线圈的电流，以减弱磁场强度，来维持发电机的电压不继续升高而烧坏电器。调整器就是用来控制磁场线圈电流的大小，以控制发电机输出电压的装置。

　　8. IC调整器的优点有：重量轻且体积小，可装在发电机上；无活动的机械零件，故抗震性及耐久性好；输出电压的变化范围较小，且随使用时间的增加不会有明显的改变；温度上升时输出电压变低，能符合蓄电池较适当的充电需求。

　　9. 点火系统有三个主要功能，产生高压电、高压电的配电及点火时间控制。

　　10. 点火线圈是利用线圈互感应原理，将电压由12V升高到足以跳过火花塞间隙的数万伏特以上的高压电。

　　11. 用凸轮控制一次电路白金触点的开闭，或采用曲轴位置传感器，使点火线圈能感应高压电；且有点火提前装置，能依发动机状况改变点火时间；并利用分火头及分电器盖，将高压电依一定顺序送到要点火汽缸的火花塞。

　　12. 分电器的点火提前装置有与发动机转速相对应的离心力点火提前装置以及与发动机负荷相对应的真空点火提前装置两种。

　　13. 霍尔效应是由Dr.E.H.Hall所发现的简单原理，霍尔元件是一个由半导体材料所制成的扁平小薄片，由外部电路提供稳定电流通过霍尔元件，当磁力线从与电流方向成垂直的方向进入霍尔元件时，则电子流动会被扭曲，结果在霍尔元件的顶端与底端间产生一个微弱的电压。这种因磁场变化而产生电压的现象，称为霍尔效应，此电压就叫做霍尔电压。霍尔元件即霍尔IC，其内部的电路能将霍尔电压信号转为数字电压信号输出。

五　看图填空

　　1. 1-最低液面线；2-最高液面线；3-正极插头；4-加水通气盖；5-极柱；6-隔板；7-正极板

　　2. 1-视窗；2-浮球室；3-绿色浮球

　　3. 1-点火开关；2-起动机；3-蓄电池

4. 1-线圈；2-拨叉；3-电枢轴；4-小齿轮；5-超越离合器；6-磁极；7-电枢；8-磁场线圈

5. 1-接触片；2-吸拉线圈；3-保持线圈；4-柱塞；5-拨叉；6-超越离合器；7-小齿轮；8-电刷；9-磁场线圈

6. 1-蓄电池；2-交流发电机；3-调整器；4-充电指示灯

7. 1-定子线圈；2-定子铁芯

8. 1-滑环；2-磁极；3-磁极；4-磁场线圈

9. 1-皮带盘；2-前盖板；3-转子

10. 1-后盖板；2-定子；3-调压器；4-整流器

11. 1-分电器；2-火花塞；3-高压线；4-点火线圈；5-低压线

12. 1-高压端子；2-低压端子；3-一次线圈；4-二次线圈；5-铁芯

13. 1-断续部；2-配电部；3-点火提前部；4-驱动部

14. 1-遮片；2-凹槽；3-闭角；4-永久磁铁；5-霍尔IC

15. 1-膜片；2-膜片杆；3-凸轮套；4-拾波线圈；5-磁铁；6-真空室

16. 1-绝缘瓷体；2-垫片；3-中央电枢；4-搭铁电枢

17. 1-火花塞间隙；2-螺纹长度；3-垫片；4-跳火部

单元10　发动机的分解、清洗与装配

一 判断题

1. √；2. √；3. ×（是不拆下的）；4. √；5. √；6. ×（由外往内）；7. ×（油封及垫片）；8. √；9. √；10. ×（较密的一端向下装）；11. √；12. ×(有油槽)；13. √；14. √；15. √；16. ×（曲轴皮带轮端）；17. ×（由内往外）；18. √；19. ×（100N的力量下压）

二 选择题

1. C；2. B；3. A；4. D；5. D；6. B

三 填空题

1.曲轴皮带轮、凸轮轴皮带轮；2.气门锁夹、气门弹簧、下气门弹簧座、气门；3.对角、2~3；4.连杆大头轴承盖、连杆、曲轴皮带轮端；5.毛刷；6.清洁液

四、简答题

1. 拆开各插座及接头；清洁发动机外表；拆卸排气管侧的部分零件将发动机装在发动机分解架上；拆卸发动机周边的附属零件，排放机油；拆卸正时皮带；汽缸盖拆卸与分解；拆卸汽缸体的外部零件；拆卸油底壳及主轴承支撑板；拆卸汽缸体的内部零件。

2. 拆卸正时皮带前，应先检视曲轴皮带轮及凸轮轴皮带轮处的相对记号；拆卸正时皮带前，应在正时皮带上做旋转方向的记号，以便以相同方向装回；正时皮带取下前，应先放松张紧轮的固定螺栓。

3. 汽缸盖应按规定顺序由外往内进行拆卸汽缸盖螺栓；拆卸汽缸盖时可不拆卸摇臂、摇臂轴以及凸轮轴；拆卸汽缸盖时应分2~3次才完全放松汽缸盖的固定螺栓；必须等发动机冷却后才能进行拆卸工作。

4. 拆卸离合器总成时应使用止挡器固定飞轮，再依对角方式，分2~3次放松离合器的固定螺栓；取下离合器及离合器片，注意离合器压板及离合器片均不可沾到油污。

5. 拆卸前，先检查连杆大头轴承盖与连杆间的相对记号，以及连杆与活塞总成朝向曲轴皮带轮端的记号，若没有，应先做上记号；必要时，并将各活塞依缸数编号。需使用橡胶锤或木锤将连杆与活塞总成从汽缸体顶部推出。

6. 主轴承盖的固定螺栓应按规定顺序，分2~3次才完全放松；必要时将主轴承盖编号，并做上方向性记号。主轴承片若取下，应依序编号；并注意上主轴承片有机油槽及油孔，而下主轴承片则无。

7. 必须使用新的发动机大修包内的各种垫片及油封。组装前各滑动及旋转部位都应先加机油润滑。特别注意各零件的安装方向及位置的正确性。各螺栓、螺母、垫圈应按原位置装回。依规定顺序及扭力锁紧各螺栓、螺母。

五、看图填空

1. 1-机油尺；2-发电机吊钩；3-进气歧管总成；4-机油滤清器；5-分电总成
2. 1-凸轮轴皮带轮；2-汽缸盖固定螺栓；3-摇臂及轴总成；4-气门室盖；5-气门组件；6-凸轮轴；7-汽缸盖；8-节温器；9-汽缸垫
3. 1-前油封；2-曲轴皮带轮；3-水泵；4-后油封；5-飞轮；6-离合器总成；7-油底壳
4. 1-主轴承盖；2-下主轴承片；3-主轴；4-上主轴承片；5-活塞环；6-活塞；

7-活塞销；8-连杆；9-连杆轴承片；10-连杆大端轴承盖

单元11　空气系统与汽油机燃料供给系统的维修

一　判断题

1. √；2. ×（不可以用目测判断）；3. √；4. ×（节气门位置传感器不可用化油器清洗剂喷洗）；5. √；6. ×（是不让汽油泵工作，让发动机工作将管路中的汽油耗尽）

二　选择题

1. D；2. D；3. B；4. A；5. D；6. A

三　填空题

1. 压缩空气；2. 直接换新；3. 11~17、相同；4. 汽油压力释放；5. 电动汽油泵喷油器；6. 15、50~60

四　简答题

1. 拆下空气滤清器盖的固定螺栓，打开空气滤清器盖，取下空气滤芯；干纸式空气滤芯脏了可使用空气枪，用压缩空气吹净；合成纤维布式空气滤芯，用半干性油浸过，灰尘会粘附在滤芯上，故不可以用压缩空气吹净，必须直接换新；清洁空气滤清器底座上的灰尘及污垢，装上已清洁或换新的空气滤芯，装回空气滤清器盖子。

2. 泄放发动机冷却水；拆卸节气门体周围的拉线、软管；拆下节气门体；使用化油器清洗剂与软质毛刷清洗节气门体内部、节气门、旁通道及空气阀的通道等，并用压缩空气吹净；节气门位置传感器不可用化油器清洗剂喷洗。

3. 汽油喷射式发动机的汽油滤清器内有余压，因此在拆卸前先做汽油压力释放。取下汽油泵熔断丝或拔下汽油泵的电线束接头，发动发动机，发动机熄火后，再打起动机直至发动机不能发动,以确定油压已完全释放,关闭点火开关,并装回汽油泵熔断丝或电线束接头。

4. 喷油器的检查项目如下:

(1) 拔下喷油器插线,用万用表测量喷油器线圈电阻值,高阻型为11~17Ω,且每个汽缸的喷油器电阻值都应相同;

(2) 给每个喷油器线圈通上蓄电池电压,应能听到清脆的吸合声,每次通电的时间要短,以免喷油器线圈过热而烧毁;

(3) 将喷油器连同供油总管一起拆下来,并用铁丝将喷油器和供油总管进行固定,给电动燃油泵通电,在油压正常的情况下,喷油器的漏油量为1滴/分钟;

(4) 接着进行喷油量及喷油效果检查,在喷油器下方放置量杯,给喷油器通电15s,喷油量应为50~60mL,同时观察喷出来的油应该是形成一定锥度的均匀雾状。

5. 汽油泵的检查项目如下:

(1) 保持压力检查:

先做汽油压力释放;在汽油滤清器的出口端接上油压表,进口端塞住;将点火开关置于ON挡位,使汽油泵作用10s,然后将点火开关置于OFF挡位;5min后,检查保持压力。若不合规定,更换汽油泵。

(2) 最大压力检查:

将点火开关置于ON挡位,汽油泵作用时,检查汽油泵的最大压力。若不合规定,更换汽油泵。汽油泵最大压力:441~589kPa。

单元12 柴油机燃料供给系统的维修

一、判断题

1. √;2. √;3. ×(必须换新);4. ×(喷油嘴);5. √;6. ×(通过推杆);7. √;8. √;9. ×(上方);10. √;11. √;12. √;13. √;14. √;15. ×(安装柱塞筒时需对正方向);16. √;17. ×(两侧);18. √

二、选择题

1. B;2. C;3. D;4. C;5. D;6. B

三、填空题

1. 20°；2. 第一缸；3. 1~2mm；4. 第一缸高压油管上；5. 垫片、喷油嘴、规定扭力；6. 成对换新；7. 60°、1/3；8. 黄铜刷；9. 塞子；10. 试验；11. 拉杆轴；12. 良好、磨损

四、简答题

1. 线列式喷油泵喷油正时的校正方法：

（1）根据发动机旋转方向转动曲轴，使第一缸活塞在压缩至上止点前20°的位置，曲轴皮带盘上20° BTDC的缺口与记号对正。

（2）拆下各缸高压油管；并拆下调速器橡皮管及加速连杆等。

（3）拆开喷油泵上方第一与第二缸排气阀套的固定夹，拆下第一缸排气阀套。取下排气阀弹簧，再将第一缸排气阀套装回。在第一缸排气阀套上安装短的弯曲油管。

（4）放松喷油泵固定螺母，将喷油泵向发动机体方向推到底。然后，一边操作手动泵，一边慢慢将喷油泵向外拉，直至柴油刚停止从油管流出时，停止移动喷油泵，并将喷油泵固定螺母锁紧，此位置即为柴油喷射开始的位置。

（5）检查喷油泵本体侧边的记号，与前盖板处的记号是否对正，若没有对正，重新做记号，装回排气阀弹簧及排气阀套。以上静态对正时的程序完成后，按相反顺序将各零件装回。

2. VE喷油泵喷油正时的校对方法：

（1）根据发动机旋转方向转动曲轴，使第一缸活塞在压缩上止点位置。

（2）使用两支扳手拆开各缸高压油管。

（3）从VE式喷油泵的液压分配头中间拆下螺塞，并装上柱塞冲程量表。

（4）使发动机一缸在TDC位置，逆转曲轴20°~25°，检查柱塞冲程量表的指示值，然后将量表归零。接着顺时针转动曲轴，直至第一缸活塞在8° BTDC的位置，检查柱塞冲程量表的指示值。若指示值比标准值大时，顺时针旋转喷油泵体调整。若指示值比标准值小时，逆时针旋转喷油泵体调整。喷射正时调整正确后，锁紧喷油泵固定螺母。

（5）检查喷油泵本体侧边的记号，与前盖板处的记号是否对正，若没有对正，应重新做记号。

（6）拆下柱塞冲程量表，装回螺塞。依拆卸的相反顺序，装回各零件。

3. 喷油器的检查方法如下：

（1）使用黄铜刷将喷油嘴外表积炭清除干净，并将油针及油针座用柴油洗净。

（2）检查油针针尖及油针座孔是否烧蚀，必要时成对换新。

（3）将喷油嘴倾斜约60°，油针拉出约1/3，放手后，油针应以本身重量平顺的滑入本体内，将油针转至不同位置，继续测试，结果应相同。

4. 线列式喷油泵解体前的准备及注意事项如下：

（1）喷油泵必须先做试验，根据试验结果来决定是否要分解及调整喷油泵。

（2）分解喷油泵之前，喷油泵外表必须先彻底清洁干净。

（3）工作台也必须清理干净。

（4）准备分解与组合时需要的专用工具，如定位片，拉出器、特种扳手、夹取工具等。

（5）各缸的零件不可混在一起。

5. 线列式喷油泵解体后的检查项目如下：

（1）泵壳。检查泵壳是否破裂或变形等，严重时泵壳应换新；检查柱塞筒与泵壳孔间是否正确接触，及泵壳孔是否有裂痕等；检查举杆与举杆孔间的间隙不得超过0.2mm。

（2）凸轮轴。检查凸轮是否磨损不均、过度磨损或刮痕等。检查凸轮轴的端间隙，最大极限值为0.1mm；若凸轮轴的端间隙超过规定时从凸轮轴上拆下轴承座，根据端间隙的大小，增减调整垫片。注意：两端必须使用相同厚度的垫片。

（3）轴承。检查有无磨损或变色，必要时换新。

（4）柱塞及柱塞筒。将柱塞及柱塞筒彻底洗净，拉出柱塞，柱塞筒倾斜60°，放掉柱塞，使其自行滑入柱塞筒内，应圆滑滑入。转动柱塞在不同位置时放开，同样都必须圆滑滑入，否则柱塞与柱塞筒应成对更换。

（5）排气阀。将排气阀及座彻底洗净，手指塞住排气阀座底部，然后将排气阀下压，放掉手指压力后，排气阀应马上回弹，表示良好，若排气阀不回弹，表示吸回活塞磨损，应整组换新。

（6）举杆总成。调整螺栓凹陷部的磨损不可超过0.20mm；滚柱、滚柱衬套及销之间的间隙不可超过规定值。

（7）齿杆及控制套。检查齿杆是否弯曲或磨损；检查控制套凹槽与柱塞凸缘间的间隙，不可超过0.12mm；检查控制套上齿环与齿杆间的齿隙，齿隙不得超过0.30mm。

6. 曲轴皮带盘的TDC记号对正前盖记号，使第一缸活塞在上止点。暂时调整喷油泵，使喷油泵凸缘上的记号与前盖板上的记号对正。再使驱动齿轮上的"Y"记号与惰齿轮上的"Y"记号对正，将驱动齿轮装上喷油泵凸轮轴。

7. VE泵解体后的检查方法：

（1）彻底清洗所有零件。

（2）更换磨损的零件。

（3）柱塞等精密零件表面不可有刮痕，否则必须换新。

（4）使用千分表测量滚轮的高度，最大与最小值间相差不可超过0.02mm。

五 看图填空

1. 1-喷油嘴；2-间隔环；3-推杆；4-弹簧；5-调整垫片；6-喷油嘴架体

2. 1-调速器总成；2-控制齿杆；3-举杆总成；4-输油门；5-柱塞筒；6-柱塞；7-控制套；8-输油泵

3. 1-燃油切断电磁阀；2-控制套；3-柱塞；4-凸轮盘；5-滚轮及滚轮架；6-驱动轴总成；7-输油泵总成；8-调速器轴；9-飞重总成

4. 1-调速器套；2-调整垫片；3-飞重总成；4-调整垫片；5-调速器轴

5. 1-调整垫片；2-调速器弹簧；3-膜片；4-熄火杆轴；5-加油杆

6. 1-出油阀；2-柱塞弹簧；3-手动泵；4-进油阀；5-柱塞；6-举杆总成

单元13　润滑系统的维修

一 判断题

1. √；2. ×（用机油滤清器套筒拆装机油滤清器）；3. ×（加入规定量）

二 选择题

1. C；2. C；3. A；4. C

三 填空题

1. 熄火；2. L；3. 20～30；4. 少量机油；5. 放油螺栓垫片

四 简单题

1. 更换机油的方法及注意事项如下：

（1）泄放机油。发动机先发动至工作温度后熄火，备好机油盆或机油回收桶，打开加机油盖及放油螺栓，机油泄放干净后，装回放油螺栓及垫片。注意：机油温度很高，小心烫伤；手部尽量不要接触到使用过的机油；机油颜色或黏度若有异样，应找出原因，例如乳白色机油，表示冷却水进入机油中；放油螺栓垫片每次都必须换新；用擦拭纸擦净放油螺栓及油底壳；放油螺栓以规定扭力锁紧。

（2）添加机油从加机油孔加入规定等级及规定量的机油。

（3）检查机油量。装上加机油盖，盖子及周围擦拭干净；发动发动机，检查放油塞周围是否漏油；发动机熄火，等待适当时间后，拉出机油尺检查，油面不足时，补充机油至"H"线。

2.更换机油滤清器的方法及注意事项如下：

（1）机油滤清器拆卸。使用机油滤清器扳手拆下机油滤清器；将接合面的油污擦拭干净；检视螺牙及接合面表面。

（2）机油滤清器安装。新机油滤清器上的O形橡胶环涂抹少量机油，橡胶环上涂机油做润滑用；按规定方法及力矩安装滤清器。

（3）机油量检查。发动发动机，同时检视机油滤清器接合面处是否漏油；发动机熄火后，拉出油尺检查油面高度是否正确；机油滤清器更换后，一定要发动发动机，让机油充满机油滤清器后，再检查油面高度。

单元14　冷却系统的维修

一　判断题

1. ×（之间）；2. √；3. ×（向上）；4. √；5. √；6. ×（不拆也能检查）

二　选择题

1. A；2. B；3. A；4. C；5. D

三　填空题

1. 初开；2. 低(LOW)、满(FULL)；3. "FULL"；4. 向上

四、简答题

1. 检查冷却液的液面位置。冷却液的液面位置应在低(LOW)和满(FULL)两条标记线之间。如果液面位置低，则应检查是否有渗漏，并添加冷却液至"FULL"线位置。

检查冷却液质量。在散热器盖或散热器注水口的周围应没有任何锈迹或积垢。如果过脏，则应更换冷却液。

2. 更换发动机冷却液的步骤：

（1）拆下散热器盖。

（2）从散热器和发动机的泄放开关排出冷却液。

（3）关闭泄放开关。

（4）向系统内注入冷却液。

（5）装上散热器盖。

（6）起动发动机，检查是否有渗漏现象。

（7）再检查冷却液液面位置，如有必要再次加注冷却液。

3. 将拆下的节温器放入透明玻璃容器中加热，并用温度计测量水温。检查阀的初开温度、全开温度及其开启量。不符合规定时，节温器应换新。

4. 水温开关不拆的检查方法：拆开水温开关接头，将两线头跨接，如果电动风扇转动，表示水温开关损坏。

水温开关拆下的检查方法：拆下的水温开关放入容器内加热，两端子与欧姆表连接，并用温度计测量水温，水温低于90℃时，开关应不导通；水温高于90℃时，开关应导通才属正常。

单元15　发动机电气设备的维修

一、判断题

1. √；2. √；3. ×（5s）；4. √；5. ×（在"HI"位置）；6. ×（表示分电器内凸轮磨损）；7. ×（必须在250r/min以上）；8. √；9. ×（相差超过10%时）；10. ×（是为了判定该缸活塞接近压缩上止点）；11. √

二 选择题

1. B；2. A；3. C；4. D；5. A；6. C；7. A；8. C；9. B；10. C；11. C

三 填空题

1. 0.7～0.9；2. 绿色；3. 负；4. 火花塞；5. 厚薄规；6. 分电器；7. 压缩压力；8. 手压式、螺牙锁紧式；9. 干压缩测试、湿压缩测试；10. 70%、10%；11. 57~74kPa；12. 一般运转真空测试、起动运转真空测试；13. 30；14. 接近上止点

四 简答题

1. 检查发电机的注意事项如下：

（1）检查发电机不能用试火法,当用导线或螺丝刀将发电机输出端搭铁短路时，等于发电机负载为零，此时会产生一个瞬时大电流使发电机内的整流二极管烧穿。

（2）检查发电机时不能用导线或螺丝刀将发电机的B+接线柱和D+接线柱联接，这样会使发电机电压迅速升高，使发电机内的电压调节器损坏。

（3）注意发电机的极性不能接反，更换蓄电池时蓄电池极柱不能接反，否则会使发电机内二极管烧穿。

2. 起动机常见的故障及可能的原因有以下几点：

（1）接通起动开关后，起动机高速旋转而发动机曲轴无反应。这种现象表明故障发生在起动机的传动机构上，这有可能是传动齿轮或单向离合器磨损造成的。

（2）起动机无法正常工作，驱动齿轮不转。引发这种现象的原因很多，例如电源线出现问题、起动开关接触盘烧蚀以及发动机阻力过大等等。

（3）起动机动力输出不足，无法带动曲轴。励磁线圈短路和蓄电池亏电均可引发起动机动力不足。

（4）起动机运转声音刺耳。这有可能是单向离合器卡死或起动机安装不当造成的。

（5）起动机开关接通时有"嗒嗒"的声音，但是不工作。保持线圈断线或蓄电池严重亏电会导致这种现象。

3. 检查火花塞的方法：

（1）颜色检查。火花塞的电极正常颜色为灰白色，如电极烧黑并附有积炭，则说明存在故障。

（2）火花塞电极间隙检查。各种车型的火花塞间隙均有差异，一般应在0.7～0.9mm之间，检查间隙大小，可用火花塞量规或薄的金属片进行。如间隙过大，

可用螺丝刀柄轻轻敲打外电极，使其间隙正常；间隙过小时，则可利用螺丝刀或金属片插入电极向外扳动。

（3）火花塞跳火情形检查。拆下火花塞，接上高压线，用绝缘钳夹住高压线，火花塞离搭铁5～10mm，起动发动机，检查是否为强烈的蓝色火花。

4. 测量汽缸压缩压力前的准备工作如下：

（1）准备充满电的蓄电池，使在打电机时，发动机转速可达250r/min以上。

（2）发动发动机至工作温度后熄火。

（3）用压缩空气吹除火花塞孔周围灰尘。

（4）拆下各缸火花塞。

（5）拆开点火开关的IG线头，使点火系统不产生高压电。

（6）拆开化油器上燃油切断电磁阀(又称熄火电磁阀)的线头。

5. 装上汽缸压缩压力表；阻风门及节气门全开；打电机使每缸压缩4～5个压缩冲程，记下压缩压力值；一般汽缸压缩压力若在标准值的70%以下，或各缸间的压力相差超过10%时，发动机必须修理；压力偏低的汽缸，从火花塞孔加入约15mL机油，继续测试压缩压力。

6. 汽缸漏气试验前的准备工作如下：

（1）发动机保持在正常工作温度。

（2）拆下各缸火花塞。

（3）取下空气滤清器、加机油盖或机油尺及水箱盖，并加冷却液至规定高度。

（4）使节气门全开。

（5）将汽缸漏气试验器的接头装在火花塞孔处，先接上响笛。

（6）旋转曲轴，当响笛发出声音时，表示第一缸活塞接近压缩上止点。

（7）继续转动曲轴，至对正TDC记号，然后取下响笛，装上漏气试验器；也就是漏气试验汽缸的活塞，必须在压缩上止点位置，在进、排气门均关闭的状态下进行测试。

（8）将空气压力送入各汽缸，注意表的读数变化，表示从汽缸漏气的百分比；例如读数降低超过20%以上时，表示过度漏气。注意听各处的漏气声，汽缸漏气试验可更明确知道是哪一零件的漏气，造成汽缸压缩压力偏低。